한 번에 끝내는

중국어
첫걸음

ECK
Books

한 번에 끝내는 중국어 첫걸음

초 판 인 쇄	2019년 10월 18일

지 은 이	김정실(Jin Zhenshi)
펴 낸 이	임승빈
편 집 책 임	정유항, 최지인
편 집 진 행	송영정
디 자 인	이승연
일 러 스 트	방영경
마 케 팅	염경용, 이동민, 임원영

펴 낸 곳	ECK북스
주 소	서울시 구로구 디지털로 32가길 16, 401 [08393]
대 표 전 화	02-733-9950
팩 스	02-723-7876
홈 페 이 지	www.eckbooks.kr
이 메 일	eck@eckedu.com
등 록 번 호	제 25100 - 2005 - 000042호
등 록 일 자	2000. 2. 15

I S B N	978-89-92281-86-7
정 가	14,000원

이 도서의 국립중앙도서관 출판예정도서목록(CIP)은 서지정보유통지원시스템 홈페이지(http://seoji.nl.go.kr)와 국가자료공동목록시스템 (http://www.nl.go.kr/kolisnet)에서 이용하실 수 있습니다. (CIP제어번호 : CIP2019038183)

한 번에 끝내는
중국어 첫걸음

— 김정실(Jin Zhenshi) 지음 —

ECK Books

이 글을 읽는 여러분은 어떤 마음으로 이 글을 읽는지 궁금합니다. "중국어를 왜 배우려고 하시나요?" 우리는 무슨 일을 시작할 때 동기가 있습니다. 동기는 일의 시작점이자 일을 끝까지 지탱할 수 있게 해주는 힘이기도 합니다. 중국어를 배우는 이유는 중국 여행을 위해서, 중국에서 사업을 하기 위해서, 중국어라는 언어에 대한 호기심 때문에, 중국에 대해서 더 알고 싶어서 등 다양할 수 있습니다.

언어는 문화 소통의 창이며 언어를 배우면서 그 나라의 문화를 배울 수도 있습니다. 우리는 모두 글로벌 사회이자 현대화, 정보화 사회에 살고 있습니다. 지구촌 사람들은 이웃나라를 여행하면서 좋은 경치를 보고 맛있는 음식을 먹으며, 더 나아가 경제 성장을 도모하고 문화를 교류하며 더불어 성장하는 시대에 살고 있습니다.

중국은 세계 최대 인구로 손꼽히는 나라이며, 중국의 공용언어는 중국어이며 한어라고도 합니다. 중국어는 들어갈 때는 어렵지만 나올 때는 쉽다는 말이 있습니다. 처음 공부를 시작할 때는 한자나 발음, 어법 등이 어렵다고 느껴질 수 있지만 일단 그 과정을 익히고 나면 그 다음부터는 그리 어렵지 않게 공부할 수 있습니다.

《한 번에 끝내는 중국어 첫걸음》은 중국어를 처음 공부하는 학습자들이 부담 없이 쉽고 재미있게 공부할 수 있도록 구성하는 데 중점을 두었습니다. 매 단원마다 간단하게 중국의 문화를 소개하고 그 문화와 관련된 내용으로 대화문을 구성하되, 대화문은 남녀가 소개로 만나서 연애하고 결혼에 이르는 과정으로 전개하여 학습에 흥미를 더해 주었습니다. 대화문 내용 중 주요 표현은 〈핵심표현〉으로 정리하였으며, 꼭 알아야 하는 〈어법〉을 간단하게 정리하여 쉽게 익힐 수 있도록 하였습니다. 본 교재가 중국어를 배우고 중국 문화를 이해하고 싶은 분들을 위한 지침서 역할을 했으면 하는 바람입니다.

언어 학습에서는 입력(듣기, 읽기)이 중요하며, 입력을 통해 출력(말하기, 쓰기) 활동을 할 수 있습니다. 본 교재는 듣기, 읽기를 중심으로 편찬하였으며 학습 중에 교재 내용을 바탕으로 말하기와 쓰기 연습을 병행하면 도움이 될 것입니다.

언어교육을 전공한 저의 교육 이념은 언어 학습은 '숲을 통해서 나무를 보고, 나무로 숲을 이루는 무한 반복의 과정'이라는 것입니다. 즉, 언어 학습은 문화를 알고 맥락을 이해하며, 맥락 속에서 단어와 문법을 이해하고, 단어와 문법으로 또 다른 맥락을 만들어 내는 과정입니다. 부단히 입력하고, 입력한 내용을 분석하고 활용하는 과정에서 우리는 그 언어와 친해질 수 있습니다.

한 학문을 배우고 경험하고 실천해 나가는 저에게 물심양면으로 아낌없는 사랑을 주셨던 하늘나라에 계시는 저의 어머니와 지금도 지켜주고 계시는 아버지께 감사드리고, 저의 동반자 남편, 늘 감동과 힘을 주는 저의 언니와 형부 그리고 조카, 저에게 학문적 가르침뿐만 아니라 인생의 지침이 되어 주신 서울교대 안경자 교수님을 비롯한 여러 교수님들에게 감사의 마음을 전하고 싶으며, 함께 걷는 길에서 외롭지 않게 서로 다독이며 걸어왔던 저의 친구들에게도 책의 무게를 빌어 감사함을 전하고 싶습니다. 끝으로, 책을 출판해 주신 ECK교육과 함께해 주신 선생님들에게도 감사의 마음을 전합니다.

가을 빛과 바람이 창문가를 스쳐 지나가는 8월에, 중국의 한 아름다운 도시, 작은 문화원 나비야에서…

저자 김정실(Jin Zhenshi)

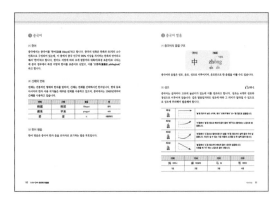

■ 예비학습

중국어의 문자와 발음 및 중국어의 특징을 학습합니다. 본 학습에 들어가기 전에 반드시 먼저 숙지하세요.

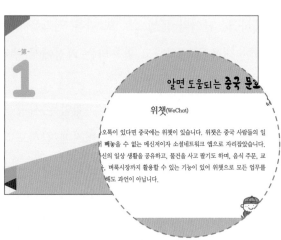

■ 알면 도움되는 중국 문화

중국의 가족, 교육, 연애, 결혼, 명절 등 다양한 문화를 소개합니다. 중국의 문화를 알고, 대화문을 더 잘 이해하기 위한 배경지식으로 활용해 보세요.

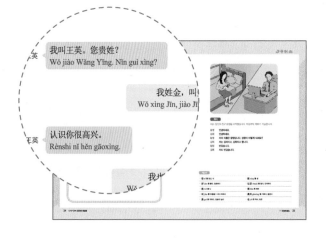

■ 회화

두 남녀가 소개로 만나 연애하고 결혼에 이르기까지의 내용을 대화로 구성하였습니다. 다양한 어휘와 표현을 익히고, MP3 파일을 들으며 발음도 익혀 보세요.

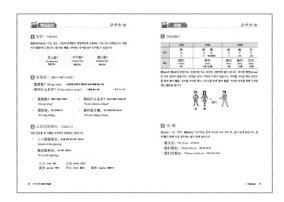

■ 핵심표현

유용하게 쓰이는 핵심표현을 뽑아 정리했습니다.
다양한 추가 어휘를 제시하여, 단어를 바꿔 가며
연습해 볼 수 있도록 구성하였습니다.

■ 어법

대화문 속 기초 필수 어법을 학습합니다. 쉽고 다
양한 예문을 실어 이해하기 쉽게 설명했습니다.

■ 연습문제

문법, 듣기, 독해, 쓰기 4가지 영역의 연습문제 풀이를 통해 학습을 마무리합니다.

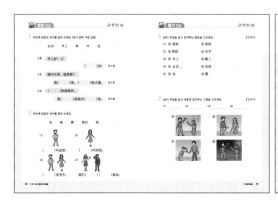

문법 연습 : 빈칸 채워 문장 완성하기, 주어진 형식에 맞게 문장 쓰기 등의 문제를 풀어봅니다.
듣기 연습 : MP3 파일을 듣고 일치하는 발음 고르기, 내용에 맞는 그림 고르기 문제를 풀어봅니다.
독해 연습 : 본문과 비슷한 내용의 지문을 읽고 내용 일치/불일치 문제를 풀어봅니다.
쓰기 연습 : 단어를 어순에 맞게 배열하여 문장을 완성하는 문제를 풀어봅니다.

MP3 다운로드 방법

본 교재의 MP3 파일은 www.eckbooks.kr에서 무료로 다운로드 받을 수 있습니다.
QR 코드를 찍으면 다운로드 페이지로 이동합니다.

목차

예|비|학|습

① 중국어

(1) 한어

중국에서는 중국어를 '한어(汉语 Hànyǔ)'라고 합니다. 중국의 민족은 한족과 55개의 소수
민족으로 구성되어 있는데, 이 중에서 중국 인구의 90% 이상을 차지하는 한족의 언어라고
해서 '한어'라고 합니다. 한어도 지방에 따라 크게 광둥어와 대륙어(북경 표준어)로 나뉘는
데 중국 정부에서 북경 지방의 한어를 표준어로 삼았고, 이를 '보통화(普通话 pǔtōnghuà)'
라고 합니다.

(2) 간체와 번체

번체는 전통적인 형태의 한자를 말하며, 간체는 번체를 간략화시킨 한자입니다. 현재 동북
아시아의 한자 사용 국가들은 대부분 번체를 사용하고 있으며, 중국에서는 1960년대부터
간체를 사용하고 있습니다.

번체	간체	병음	뜻
韓國	韩国	Hánguó	한국
蘋果	苹果	píngguǒ	사과
愛	爱	ài	사랑(하다)

(3) 한어 병음

한어 병음은 중국어 한자 음을 로마자로 표기하는 발음 부호입니다.

❷ 중국어 발음

⑴ 중국어의 음절 구조

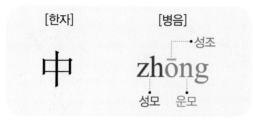

[한자]　　　　[병음]

•성조

中　　zhōng

성모　운모

중국어의 음절은 성모, 운모, 성조로 이루어지며, 운모만으로 한 음절을 이룰 수도 있습니다.

⑵ 성조

🎧 00-1

중국어는 글자마다 고유의 높낮이가 있는데 이를 성조라고 합니다. 성조는 4개의 성조와 경성으로 이루어져 있습니다. 같은 발음일지라도 성조에 따라 그 의미가 달라질 수 있으므로 성조에 주의해서 발음해야 합니다.

제1성 ā	→	'솔'음 정도의 높은 소리로, 동요 '산토끼'에서 '산~'음 정도로 발음합니다.
제2성 á	↗	'미'음에서 '솔'음 정도로 빠르게 끌어 올려 '왜?'라고 물어보는 느낌으로 발음합니다.
제3성 ǎ	↘↗	'레'음에서 '도'음으로 떨어뜨렸다가 끝을 '파'음 정도까지 살짝 올려 주며 발음합니다. 자신이 낼 수 있는 가장 저음의 소리를 낸 후 살짝 올려 줍니다.
제4성 à	↘	'솔'음에서 '도'음 정도까지 빠르게 끌어 내리며 발음합니다. 다쳤을 때 '아!' 하는 느낌으로 끌어 내립니다.

mā	má	mǎ	mà
妈 어머니	麻 마(삼마)	马 말	骂 욕하다
1성	2성	3성	4성

● 경성 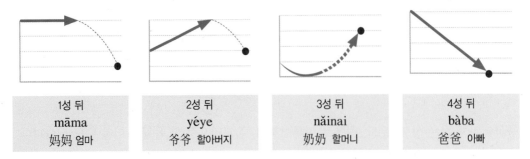 🎧 00-2

발음의 편의를 위해 앞 음절의 성조에 따라 본래의 성조가 변하여 가볍고 짧게 발음하는 소리를 말합니다. 결합된 다른 성조의 영향을 받아 음의 높낮이가 변합니다. 경성은 성조 표시를 하지 않습니다.

1성 뒤	2성 뒤	3성 뒤	4성 뒤
māma	yéye	nǎinai	bàba
妈妈 엄마	爷爷 할아버지	奶奶 할머니	爸爸 아빠

(3) 성모

성모는 한국어의 자음에 해당하며 음절의 맨 앞에 위치합니다. 성모는 발음 위치에 따라 7가지로 구분되며 총 21개로 이루어져 있습니다.

① 쌍순음 : 윗입술과 아랫입술을 붙였다 떼면서 발음합니다. 🎧 00-3

b(o)	한국어의 ㅂ 혹은 ㅃ 발음과 유사합니다. 운모 o를 붙여 [뽀-어](제1, 4성) 혹은 [보-어](제2, 3성)라고 발음합니다.	bō (播 파종하다, 전파하다)
p(o)	한국어의 ㅍ 발음과 유사합니다. 운모 o를 붙여 [포-어]라고 발음합니다.	pō (坡 비탈, 언덕)
m(o)	한국어의 ㅁ 발음과 유사합니다. 운모 o를 붙여 [모-어]라고 발음합니다.	mō (摸 쓰다듬다)

② 순치음 : 윗니를 아랫입술 안쪽에 가볍게 붙였다 떼면서 발음합니다. 🎧 00-4

f(o)	한국어의 ㅍ 발음과 유사합니다. 운모 o를 붙여 영어의 f처럼 윗니로 아랫입술을 살짝 물고 [포-어]라고 발음합니다.	fó (佛 부처, 불타)

③ 설첨음 : 혀끝을 윗잇몸 안쪽에 붙였다 떼면서 발음합니다.　　🎧 00-5

d(e)	한국어의 ㄷ 발음과 유사합니다. 운모 e를 붙여 [뜨-어](제1, 4성) 혹은 [드-어](제2, 4성)라고 발음합니다.	dé (德 도덕)
t(e)	한국어의 ㅌ 발음과 유사합니다. 운모 e를 붙여 [트-어]라고 발음합니다.	tè (特 특별하다)
n(e)	한국어의 ㄴ 발음과 유사합니다. 운모 e를 붙여 [느-어]라고 발음합니다.	ne (呢 어기조사)
l(e)	한국어의 ㄹ 발음과 유사합니다. 운모 e를 붙여 [르-어]라고 발음합니다.	lè (乐 즐겁다, 기쁘다)

④ 설근음 : 혀뿌리로 목구멍을 막았다 떼면서 발음합니다.　　🎧 00-6

g(e)	한국어의 ㄱ 발음과 유사합니다. 운모 e를 붙여 [끄-어](제1, 4성) 혹은 [그-어](제2, 3성)라고 발음 합니다.	gē (歌 노래)
k(e)	한국어의 ㅋ 발음과 유사합니다. 운모 e를 붙여 입김을 강하게 내면서 [크-어]라고 발음합니다.	kè (课 수업, 강의)
h(e)	한국어의 ㅎ 발음과 유사합니다. 운모 e를 붙여 '호~'하고 입김을 부는 듯 [흐-어]라고 발음합니다.	hē (喝 마시다)

⑤ 설면음 : 입을 옆으로 길게 벌리고 혀는 넓게 펴고 발음합니다.　　🎧 00-7

j(i)	한국어의 ㅈ 발음과 유사합니다. 운모 i를 붙여 [찌](제1, 4성) 혹은 [지](제2, 3성)라고 발음합니다.	jī (鸡 닭)
q(i)	한국어의 ㅊ 발음과 유사합니다. 운모 i를 붙여 입김을 강하게 내며 [치]라고 발음합니다.	qī (七 7)
x(i)	한국어의 ㅅ 발음과 유사합니다. 운모 i를 붙여 [씨](제1, 4성) 혹은 [시](제2, 3성)라고 발음합니다.	xǐ (洗 씻다)

⑥ 설치음 : 혀끝을 윗니와 아랫니가 맞물리는 부분에 두고 바람을 밀어내듯 발음합니다. 이때 입은 최대한 옆으로 벌립니다. 🎧 00-8

z(i)	한국어의 ㅉ 발음과 유사합니다. 운모 i를 붙여 입김을 내뿜으며 혀를 차듯이 [쯔]라고 발음합니다.	zì (字 문자, 글자)
c(i)	한국어의 ㅊ 발음과 유사합니다. 운모 i를 붙여 입김을 내뿜으며 [츠]라고 발음합니다.	cí (词 단어)
s(i)	한국어의 ㅅ 발음과 유사합니다. 운모 i를 붙여 입김을 내뿜으며 [쓰]라고 발음합니다.	sì (四 4)

⑦ 권설음 : 혀끝을 말아 입천장에 닿을 듯하게 하고, 그 사이로 공기를 내보내며 발음합니다. 권설음 뒤에 오는 운모 i는 [으]로 발음합니다. 🎧 00-9

zh(i)	한국어의 ㅈ 발음과 유사합니다. 운모 i를 붙여 혀를 살짝 말고 [즈]라고 발음합니다.	zhǐ (纸 종이)
ch(i)	한국어의 ㅊ 발음과 유사합니다. 운모 i를 붙여 혀를 살짝 말고 [츠]라고 발음합니다.	chī (吃 먹다)
sh(i)	한국어의 ㅅ 발음과 유사합니다. 운모 i를 붙여 혀를 살짝 말고 [스]라고 발음합니다.	shí (时 시기, 시대)
r(i)	한국어의 ㄹ 발음과 유사합니다. 운모 i를 붙여 혀끝을 조금 더 뒤쪽으로 말아 올려 입천장 쪽으로 근접시켜 [르]라고 발음합니다.	rì (日 일, 날, 해)

(4) 운모

운모는 한국어의 모음에 해당하는 글자로 단운모 6개, 복운모 10개, 결합운모 20개 총 36개로 이루어져 있습니다. 성모와 결합해서 음절을 이룰 수도 있고 단독으로 음절을 구성할 수도 있습니다.

① 단운모 : 하나의 운모로 이루어진 기본 운모를 말합니다.　🎧 00-10

a	입을 크게 벌리고 [아]라고 발음합니다.	ā (啊 아, 와(놀람의 감탄사))
o	[오어]라고 발음하되, 소리를 끊지 말고 [오]에서 [어]로 이어서 발음합니다.	ò (哦 오, 아(깨달음의 감탄사))
e	[으어]라고 발음하되, 소리를 끊지 말고 [으]에서 [어]로 이어서 발음합니다.	è (饿 배고프다)
i	입을 양 옆으로 당기듯 [이]라고 발음합니다.	yī (一 1)
u	입을 동그랗게 오므리고 [우]라고 발음합니다.	wǔ (五 5)
ü	입을 동그랗게 오므리고 [위]라고 발음합니다. 발음이 끝날 때까지 입술 모양을 유지합니다.	lǔ (旅 여행하다)

② 복운모 : 두 개 이상의 운모가 합쳐져 만들어진 운모를 말합니다.　🎧 00-11

a	ai	[아이]라고 발음합니다.	ài (爱 사랑)
	ao	[아오]라고 발음합니다.	ào (奥 심오하다, 오묘하다)
	an	[안]이라고 발음합니다.	ān (安 편안하다)
	ang	[앙]이라고 발음합니다.	áng (昂 (머리, 고개를) 들다)
o	ou	[오우]라고 발음합니다.	ǒu (偶 짝(수))
	ong	[옹]이라고 발음합니다.	yòng (用 사용하다)
e	ei	[에이]라고 발음합니다.	èi (诶 사람을 부를 때 쓰는 감탄사)
	en	[언]이라고 발음합니다.	ēn (恩 은혜, 애정)
	eng	[엉]이라고 발음합니다.	ēng (鞥 말고삐)
	er	혀끝을 살짝 말아 [얼]이라고 발음합니다.	ér (儿 어린이, 아이)

③ 결합운모 : 단운모 i, u, ü가 다른 운모와 결합된 운모를 말합니다.

i 결합운모 : i와 결합된 운모를 말합니다. i 결합운모가 성모 없이 단독으로 음절을 이룰 때는 i를 'y'로 표기합니다.

(단독 표기)   🎧 00-12

ia	ya	[이야]라고 발음하되, [이]를 짧게 발음합니다.	yǎ (雅 우아하다)
ie	ye	[이예]라고 발음하되, [이]를 짧게 발음합니다.	yè (页 페이지, 쪽)
iao	yao	[이야오]라고 발음하되, [이]를 짧게 발음합니다.	yào (药 약)
iou	you	[이오우]라고 발음하되, [이]를 짧게 발음합니다.	yǒu (有 있다)
ian	yan	[이앤]이라고 발음하되, [이]를 짧게 발음합니다.	yán (颜 얼굴, 안면)
iang	yang	[이양]이라고 발음하되, [이]를 짧게 발음합니다.	yǎng (养 양육하다)
iong	yong	[이용]이라고 발음하되, [이]를 짧게 발음합니다.	yǒng (勇 용감하다)
in	yin	[이인]이라고 발음하되, [이]를 짧게 발음합니다.	yīn (音 소리, 음악)
ing	ying	[이잉]이라고 발음하되, [이]를 짧게 발음합니다.	yīng (英 재능이 출중한 사람)

＊i 결합운모 표기법

- i 결합운모가 성모 없이 단독으로 음절을 이룰 때, i는 'y'로 표기합니다.

  예 ia → ya,   ie → ye,   iou → you,   ian → yan

- 모음이 i만 있을 때는 i 앞에 y를 붙입니다.

  예 in → yin,   ing → ying

- iou가 성모와 결합할 때는 o를 생략합니다.

  예 j + iou → jiu

u 결합운모 : u와 결합된 운모를 말합니다. u 결합운모가 성모 없이 단독으로 음절을 이룰 때는 u를 'w'로 표기합니다.

(단독 표기)

🎧 00-13

ua	wa	[우와]라고 발음합니다.	wá (娃 아기, 어린애)
uo	wo	[우워]라고 발음합니다.	wǒ (我 나)
uai	wai	[우와이]라고 발음합니다.	wài (外 밖)
uei	wei	[우웨이]라고 발음합니다.	wěi (伟 크다, 웅장하다)
uan	wan	[우완]이라고 발음합니다.	wàn (万 10,000)
uen	wen	[우원]이라고 발음합니다.	wèn (问 묻다)
uang	wang	[우왕]이라고 발음합니다.	wáng (王 왕)
ueng	weng	[우웡]이라고 발음합니다.	wēng (翁 늙은이, 노인)

* u 결합운모 표기법

– u 결합운모가 성모 없이 단독으로 음절을 이룰 때, u는 'w'로 표기합니다.

㉔ ua → wa,   uo → wo,   uen → wen,   uang → wang

– uei, uen이 성모와 결합할 때는 e를 생략합니다.

㉔ h + uei → hui,   d + uen → dun

ü 결합운모 : ü와 결합된 운모를 말합니다. ü 결합운모가 성모 없이 단독으로 음절을 이룰 때는 ü를 'yu'로 표기합니다.

(단독 표기)

🎧 00-14

üe	yue	[위예]라고 발음합니다.	yuè (月 달, 월)
üan	yuan	[위옌]이라고 발음합니다.	yuǎn (远 멀다)
ün	yun	[윈]이라고 발음합니다.	yún (云 구름)

(5) 儿化   🎧 00-15

儿(ér)이 다른 음절 뒤에 붙어 음을 변화시키는 것을 '儿化(얼화)'라고 합니다. 儿化는 중국 북방에서 쓰는 방언의 한 가지로, 구두어에서 많이 쓰며 서면으로 쓰는 경우는 적습니다. 한자 뒤에는 儿를 붙이고, 병음을 표기할 때는 'r' 또는 'ér'를 첨가합니다. 儿이 붙으면 의미가 달라지거나 품사가 달라지는 경우도 있지만 습관적으로 붙이는 경우가 많습니다.

- 信 xìn 편지   →   信儿 xìnr 소식
- 眼 yǎn 눈   →   眼儿 yǎnr 요점, 구멍

- 盖 gài 덮다(동사)   →   盖儿 gàir 뚜껑(명사)
- 尖 jiān 뾰족하다(형용사)   →   尖儿 jiānr 뛰어난 사람 혹은 좋은 물건(명사)

- 花 huā 꽃   →   花儿 huār 꽃(작고 귀여운 느낌)
- 小孩 xiǎohái 어린아이   →   小孩儿 xiǎoháir 어린아이(작고 귀여운 느낌)

❸ 중국어의 특징

(1) 어순 및 시제

	한국어	중국어
어순	주어 + 목적어 + 서술어 나는 사과를 먹어요. 주 목 서	주어 + 서술어 + 목적어 我 吃 苹果。 주 서 목
시제 (시제에 따른 동사의 형태 변화 없음)	나는 사과를 먹었어요. (과거) 나는 사과를 먹어요. (현재) 나는 사과를 먹을 거예요. (미래)	我吃了苹果。 (과거) 我吃苹果。 (현재) 我要吃苹果。 (미래)

(2) 문장 구조

[한정어] (的) 주어　　　[부사어] (地) 술어 (得) 〈보어〉　　　[한정어] (的) 목적어
　　　주어 부분　　　　　　　　　술어 부분　　　　　　　　　목적어 부분

[她的]	妈妈	[在超市]	买	〈完了〉	[一斤]	苹果。
Tā de	māma	zài chāoshì	mǎi	wán le	yī jīn	píngguǒ.
[그녀의]	어머니는	[슈퍼에서]	사다	〈끝냈다〉	[한 근의]	사과를

* 중국어의 품사와 문장 성분

품사(13개) : 단어 고유의 성질	문장성분(6개) : 문장에서의 역할
명사, 대명사, 동사, 형용사, 조동사, 수사, 양사, 부사, 개사, 조사, 접속사, 감탄사, 의성사	주요 성분 : 주어, 술어, 목적어 수식 성분 : 한정어, 상황어, 보어

* 병음표

운모 / 성모	a [아]	o [오어]	e [으어]	i [으]	er [얼]	ai [아이]	ei [에이]	ao [아오]	ou [어우]	an [안]	en [언]	ang [앙]	eng [엉]	ong [옹]	i [이]	ia [이아]	iao [이아오]	ie [이에]
b [ㅂ]	ba	bo				bai	bei	bao		ban	ben	bang	beng		bi		biao	bie
p [ㅍ]	pa	po				pai	pei	pao	pou	pan	pen	pang	peng		pi		piao	pie
m [ㅁ]	ma	mo	me			mai	mei	mao	mou	man	men	mang	meng		mi		miao	mie
f [ㅍ]	fa	fo					fei		fou	fan	fen	fang	feng					
d [ㄷ]	da		de			dai	dei	dao	dou	dan	den	dang	deng	dong	di	dia	diao	die
t [ㅌ]	ta		te			tai	tei	tao	tou	tan		tang	teng	tong	ti		tiao	tie
n [ㄴ]	na		ne			nai	nei	nao	nou	nan	nen	nang	neng	nong	ni		niao	nie
l [ㄹ]	la		le			lai	lei	lao	lou	lan		lang	leng	long	li	lia	liao	lie
g [ㄱ]	ga		ge			gai	gei	gao	gou	gan	gen	gang	geng	gong				
k [ㅋ]	ka		ke			kai	kei	kao	kou	kan	ken	kang	keng	kong				
h [ㅎ]	ha		he			hai	hei	hao	hou	han	hen	hang	heng	hong				
j [ㅈ]															ji	jia	jiao	jie
q [ㅊ]															qi	qia	qiao	qie
x [ㅅ]															xi	xia	xiao	xie
zh [ㅈ]	zha		zhe	zhi		zhai	zhei	zhao	zhou	zhan	zhen	zhang	zheng	zhong				
ch [ㅊ]	cha		che	chi		chai		chao	chou	chan	chen	chang	cheng	chong				
sh [ㅅ]	sha		she	shi		shai	shei	shao	shou	shan	shen	shang	sheng					
r [ㄹ]			re	ri				rao	rou	ran	ren	rang	reng	rong				
z [ㅈ]	za		ze	zi		zai	zei	zao	zou	zan	zen	zang	zeng	zong				
c [ㅊ]	ca		ce	ci		cai		cao	cou	can	cen	cang	ceng	cong				
s [ㅅ]	sa		se	si		sai		sao	sou	san	sen	sang	seng	song				
−	a	o	e		er	ai	ei	ao	ou	an	en	ang	eng		yi	ya	yao	ye

iu(iou)	ian	in	iang	ing	iong	u	ua	uo	uai	ui(uei)	uan	un(uen)	uang	ueng	ü	üe	üan	ün
[이어우]	[이엔]	[인]	[이앙]	[잉]	[이옹]	[우]	[우아]	[우어]	[우아이]	[우에이]	[우안]	[우언]	[우앙]	[우엉]	[위]	[위에]	[위엔]	[원]
	bian	bin		bing		bu												
	pian	pin		ping		pu												
miu	mian	min		ming		mu												
						fu												
diu	dian			ding		du		duo		dui	duan	dun						
	tian			ting		tu		tuo		tui	tuan	tun						
niu	nian	nin	niang	ning		nu		nuo			nuan				nü	nüe		
liu	lian	lin	liang	ling		lu		luo			luan	lun			lü	lüe		
						gu	gua	guo	guai	gui	guan	gun	guang					
						ku	kua	kuo	kuai	kui	kuan	kun	kuang					
						hu	hua	huo	huai	hui	huan	hun	huang					
jiu	jian	jin	jiang	jing	jiong										ju	jue	juan	jun
qiu	qian	qin	qiang	qing	qiong										qu	que	quan	qun
xiu	xian	xin	xiang	xing	xiong										xu	xue	xuan	xun
						zhu	zhua	zhuo	zhuai	zhui	zhuan	zhun	zhuang					
						chu	chua	chuo	chuai	chui	chuan	chun	chuang					
						shu	shua	shuo	shuai	shui	shuan	shun	shuang					
						ru	rua	ruo		rui	ruan	run						
						zu		zuo		zui	zuan	zun						
						cu		cuo		cui	cuan	cun						
						su		suo		sui	suan	sun						
you	yan	yin	yang	ying	yong	wu	wa	wo	wai	wei	wan	wen	wang	weng	yu	yue	yuan	yun

你好！

Nǐ hǎo!

안녕하세요!

알면 도움되는 중국 문화

위챗(WeChat)

한국에 카카오톡이 있다면 중국에는 위챗이 있습니다. 위챗은 중국 사람들의 일상 생활에서 빼놓을 수 없는 메신저이자 소셜네트워크 앱으로 자리잡았습니다. 위챗으로 자신의 일상 생활을 공유하고, 물건을 사고 팔기도 하며, 음식 주문, 교통 수단 이용, 벼룩시장까지 활용할 수 있는 기능이 있어 위챗으로 모든 업무를 볼 수 있다고 해도 과언이 아닙니다.

대화를 듣고 큰 소리로 따라 읽어 보세요.

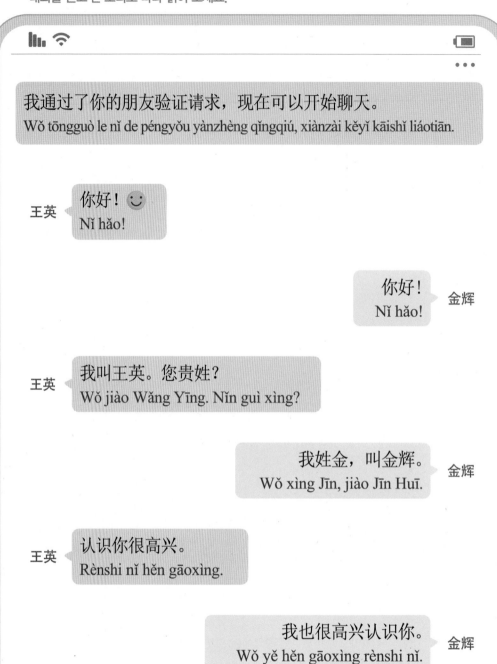

我通过了你的朋友验证请求，现在可以开始聊天。
Wǒ tōngguò le nǐ de péngyǒu yànzhèng qǐngqiú, xiànzài kěyǐ kāishǐ liáotiān.

王英
你好！ ☺
Nǐ hǎo!

你好！
Nǐ hǎo!
金辉

王英
我叫王英。您贵姓？
Wǒ jiào Wǎng Yīng. Nín guì xìng?

我姓金，叫金辉。
Wǒ xìng Jīn, jiào Jīn Huī.
金辉

王英
认识你很高兴。
Rènshi nǐ hěn gāoxìng.

我也很高兴认识你。
Wǒ yě hěn gāoxìng rènshi nǐ.
金辉

저는 당신의 친구 요청을 수락했습니다. 지금부터 대화가 가능합니다.

왕영	안녕하세요.
김휘	안녕하세요.
왕영	저의 이름은 왕영입니다. 성함이 어떻게 되세요?
김휘	저는 김씨이고, 김휘라고 합니다.
왕영	반갑습니다.
김휘	저도 반갑습니다.

새단어

□ **你** nǐ 때 당신, 너	□ **姓** xìng 몡 성
□ **好** hǎo 혱 좋다, 양호하다	□ **认识** rènshi 통 알다, 인식하다
□ **我** wǒ 때 나	□ **很** hěn 뿐 매우
□ **叫** jiào 통 (이름을) ~라고 부르다	□ **高兴** gāoxìng 혱 기쁘다, 즐겁다
□ **贵** guì 혱 귀하다, (신분이) 높다	□ **也** yě 뿐 역시, 또한

1 你好！ 안녕하세요!

你好!(Nǐ hǎo!)는 시간, 장소, 신분에 관계없이 광범위하게 사용하는 기본 인사 표현입니다. 대답 역시 你好!라고 합니다. 你 대신 때를 나타내는 단어를 넣어 인사할 수 있습니다.

早上好！	中午好！	晚上好！
Zǎoshàng hǎo!	Zhōngwǔ hǎo!	Wǎnshàng hǎo!
아침 인사	점심 인사	저녁 인사

2 您贵姓？ 성함이 어떻게 되세요?

- 您贵姓？ Nín guì xìng?　　－ 상대방을 존중하여 정중하게 성씨(이름)를 묻는 표현
- 你叫什么名字？ Nǐ jiào shénme míngzi?　　－ 이름을 묻는 표현　　* **什么** 무슨, 어떤

A: 您贵姓？ 성함이 어떻게 되세요?
　　Nín guì xìng?

B: 我性张。 저는 장씨입니다.
　　Wǒ xìng Zhāng.

A: 你叫什么名字？ 당신의 이름은 무엇입니까?
　　Nǐ jiào shénme míngzi?

B: 我叫张才健。 저는 장재건이라고 합니다.
　　Wǒ jiào Zhāng Cáijiàn.

3 认识你很高兴。 반갑습니다.

처음 만났을 때 기쁨을 강조하여 표현하는 말입니다.

A: 认识你很高兴。 당신을 알게 되어 매우 기쁩니다.
　　Rènshi nǐ hěn gāoxìng.

B: 我也很高兴。 저도 매우 기쁩니다.
　　Wǒ yě hěn gāoxìng.

认识 rènshi 알다	见到 jiàndào 만나다	
高兴 gāoxìng 기쁘다	开心 kāixīn 즐겁다	荣幸 róngxìng 영광이다

1 인칭대명사

	1인칭	2인칭	3인칭		
단수	我 wǒ 나	你　您 nǐ　nín 너　당신(존칭)	他 tā 그	她 tā 그녀	它 tā 그것
복수	我们 wǒmen 우리	你们 nǐmen 너희, 당신들	他们 tāmen 그들	她们 tāmen 그녀들	它们 tāmen 그것들

您(nín)은 你(nǐ)의 존칭어로, 손윗사람 또는 초면인 사람에게 많이 씁니다. 복수형 你们(nǐ men)
은 따로 존칭이 없습니다. 3인칭은 남자, 여자의 구분이 있습니다. 여자를 가리킬 때는 女부수
를 앞에 붙여 她를, 남자를 가리킬 때는 人부수를 앞에 붙여 他를, 여자와 남자를 함께 가리킬
때는 他们을 씁니다.

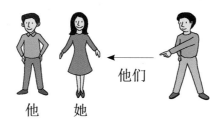

他们

他　她

2 也/都

也(yě)는 '~도', '역시', 都(dōu)는 '모두'라는 뜻의 부사로 모두 주어 뒤, 술어 앞에 놓입니다. 也
와 都가 함께 쓰일 경우에는 也가 앞에 놓입니다.

- 我也去。 Wǒ yě qù.　나도 갑니다.
- 他们都去。 Tāmen dōu qù.　그들 모두 갑니다.
- 我们也都去。 Wǒmen yě dōu qù.　우리도 모두 갑니다.

1 빈칸에 알맞은 단어를 골라 쓰세요.(단어 중복 사용 있음)

> 认识　　早上　　姓　　叫　　也

王英　早上好! ☺

（　　　）好!　张才建

王英　我叫王英。您贵姓?

我（　　　）张，（　　　）张才建。　张才建

王英　（　　　）你很高兴。

我（　　　）很高兴（　　　）你。　张才建

2 빈칸에 알맞은 단어를 골라 쓰세요.

> 也　　她　　都　　他们　　他

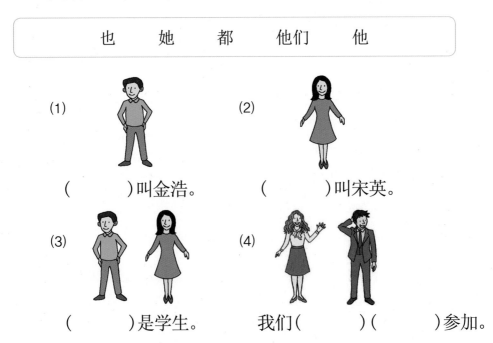

(1) （　　　）叫金浩。

(2) （　　　）叫宋英。

(3) （　　　）是学生。

(4) 我们（　　　）（　　　）参加。

1 MP3 파일을 듣고 일치하는 발음을 고르세요. 🎧 01-2

    (1) ⓐ 您好   ⓑ 你好

    (2) ⓐ 贵姓   ⓑ 名字

    (3) ⓐ 早上   ⓑ 晚上

    (4) ⓐ 认识   ⓑ 见到

    (5) ⓐ 也   ⓑ 都

2 MP3 파일을 듣고 내용과 일치하는 그림을 고르세요. 🎧 01-3

  (1) _____   (2) _____   (3) _____   (4) _____

ⓐ    ⓑ

ⓒ    ⓓ

다음 대화를 읽고 내용과 일치하면 O, 일치하지 않으면 X를 표시하세요.

A: 早上好！
Zǎoshàng hǎo!

B: 早上好！
Zǎoshàng hǎo!

A: 认识你很高兴。
Rènshi nǐ hěn gāoxìng.

B: 我也很高兴。
Wǒ yě hěn gāoxìng.

A: 你叫什么名字？
Nǐ jiào shénme míngzi?

B: 我叫韩英。
Wǒ jiào Hán Yīng.

(1) 대화 시간은 오전이다. ( )

(2) 두 사람은 오래 전부터 알고 지낸 사이이다. ( )

(3) B의 이름은 한영이다. ( )

주어진 단어를 순서에 맞게 배열하세요.

1 안녕하세요!

好 / 你

➡ _____

2 성함이 어떻게 되세요?

您 / 姓 / 贵

➡ _____

3 당신을 알게 되어 매우 기쁩니다.

你 / 认识 / 高兴 / 很

➡ _____

4 안녕하세요!(저녁 인사)

好 / 晚上

➡ _____

5 저는 왕영이라고 합니다.

我 / 王英 / 叫

➡ _____

后天是春节。

Hòutiān shì chūnjié.

모레는 설날이에요.

명절

휴일이 길고 짧음은 명절의 중요성을 나타내기도 합니다. 중국에서 휴일이 제일 긴 명절은 음력설(음력 1월 1일)로, 일주일부터 길게는 이 주일 정도까지 되기도 합니다. 음력설에는 멀리 있는 친척 친지들이 한자리에 모여 함께 새해를 맞이하고 덕담을 나눕니다. 최대의 명절인 만큼 전국적으로 이동이 많아 차표 구매가 힘들 정도입니다. 다음으로, 국경절(10월 1일 건국기념일)이 있습니다. 국경절 연휴는 일주일 정도로 길어, 요즘에는 대부분 국내나 해외에서 여행을 즐기는 사람들이 많습니다.

대화를 듣고 큰 소리로 따라 읽어 보세요.

明天有时间吗？
Míngtiān yǒu shíjiān ma?

金辉

王英

明天是几月几号？星期几？
Míngtiān shì jǐ yuè jǐ hào? Xīngqī jǐ?

2月5号，星期天。
Èr yuè wǔ hào, xīngqītiān.

金辉

王英

是吗？后天是春节。
Shìma? Hòutiān shì chūnjié.

是的，明天是除夕。
Shìde, míngtiān shì chúxī.

金辉

王英

哦，我们明天见。
Ò, wǒmen míngtiān jiàn.

해석

김휘   내일 시간 있어요?

왕영   내일이 몇 월 며칠이에요? 무슨 요일인가요?

김휘   2월 5일, 일요일이에요.

왕영   그래요? 모레는 설날이네요.

김휘   맞아요, 내일은 섣달 그믐날이에요.

왕영   네, 내일 봐요.

새단어

□ **明天** míngtiān 몡 내일	□ **星期天** xīngqītiān 몡 일요일
□ **几** jǐ ㊀ 몇	□ **春节** chūnjié 몡 음력설
□ **月** yuè 몡 월	□ **后天** hòutiān 몡 모레
□ **号** hào 몡 호(일)	□ **除夕** chúxī 몡 섣달 그믐날(12월 31일)
□ **星期** xīngqī 몡 요일	□ **见** jiàn 통 보다

1 明天是几月几号？ 내일은 몇 월 며칠입니까?

날짜를 물을 때는 의문사 几(jǐ)를 사용합니다. '몇 월'은 几月(jǐ yuè), '며칠'은 几日(jǐ rì)라고 하는데, 구어에서는 日(rì) 대신 号(hào)를 자주 사용합니다.

- 今天是几月几号？ Jīntiān shì jǐ yuè jǐ hào? 오늘은 몇 월 며칠입니까?
- 今天是1月5号。 Jīntiān shì yī yuè wǔ hào. 오늘은 1월 5일입니다.

昨天	今天	明天	后天
zuótiān	jīntiān	míngtiān	hòutiān
어제	오늘	내일	모레

2 星期几？ 무슨 요일입니까?

요일을 물을 때는 几(jǐ)를 요일 뒤에 써서 星期几(xīngqī jǐ)라고 합니다. 요일명은 월요일부터 토요일까지는 星期 뒤에 숫자 1~6을 붙이고, 일요일은 星期日(xīngqīrì) 혹은 星期天(xīngqītiān)이라고 합니다.

- 今天是星期几？ Jīntiān shì xīngqī jǐ? 오늘은 무슨 요일입니까?
- 今天是星期一。 Jīntiān shì xīngqīyī. 오늘은 월요일입니다.

星期一	星期二	星期三	星期四
xīngqīyī	xīngqīèr	xīngqīsān	xīngqīsì
월요일	화요일	수요일	목요일

星期五	星期六	星期天 (日)
xīngqīwǔ	xīngqīliù	xīngqītiān(rì)
금요일	토요일	일요일

※ 년도 말하기

년도는 숫자 뒤에 年(nián)을 붙이고, 숫자는 한 글자씩 읽습니다. 참고로, 날짜를 말할 때는 한국과 동일하게 년, 월, 일 순서로 말합니다.

- 今年二零零几年？ Jīnnián èr líng líng jǐ nián？ 올해는 2천 몇 년입니까?
- 今年二零一九年。 Jīnnián èr líng yī jiǔ nián. 올해는 2019년입니다.

去年	今年	明年
qùnián	jīnnián	míngnián
작년	올해	내년
二零零六	二零一七	二零二零
èr líng líng liù	èr líng yī qī	èr líng èr ling
2006	2017	2020

1 명사 술어문

명사 술어문이란 명사, 명사구, 간단한 수량사가 술어로 쓰인 문장으로, '(주어)는 (명사)이다' 형식의 문장입니다. 명사 술어문은 주로 시간, 날짜, 가격, 나이, 날씨 등을 말할 때 씁니다. 긍정문에서는 일반적으로 '이다'라는 뜻의 **是**(shì) 동사를 쓰지 않지만, 부정문에서는 반드시 **不是**(búshì)라고 씁니다.

- 今天 (是) 星期五。 오늘은 금요일입니다.
  Jīntiān (shì) xīngqīwǔ.

- 今天不是星期五。 오늘은 금요일이 아닙니다.
  Jīntiān búshì xīngqīwǔ.

※ 是, 不是, 是吗

是(shì)는 일반적으로 주어 뒤에 놓이며, 긍정문과 의문문에서 쓰입니다. **不是**(búshì)는 부정문에서 사용합니다. 是와 吗(ma)가 결합하면 '그렇습니까?'라는 확인의문문(반문)이 됩니다.

- 今天是春节。 오늘은 설날입니다.
  Jīntiān shì chūnjié.

- 今天不是春节。 오늘은 설날이 아닙니다.
  Jīntiān búshì chūnjié.

- 今天是春节吗？ 오늘은 설날입니까?
  Jīntiān shì chūnjié ma?

2 수사

중국에서는 2를 제외하고는 순서와 양을 구분하여 쓰지 않습니다. 2의 경우는 순서를 나타낼 때는 二(èr)을, 양을 나타낼 때는 两(liǎng)을 씁니다.

- 我是第二名。 저는 두 번째입니다.

  Wǒ shì dì-èr míng.

- 我有两个苹果。 저는 두 개의 사과가 있습니다.

  Wǒ yǒu liǎng gè píngguǒ.

一 yī 1	二 èr 2	三 sān 3	四 sì 4	五 wǔ 5
六 liù 6	七 qī 7	八 bā 8	九 jiǔ 9	十 shí 10
十一 shíyī 11	十二 shíèr 12	十三 shísān 13	十四 shísì 14	十五 shíwǔ 15
二十 èrshí 20	三十 sānshí 30	四十 sìshí 40	五十 wǔshí 50	六十 liùshí 60
七十 qīshí 70	八十 bāshí 80	九十 jiǔshí 90	一百 yìbǎi 100	一千 yìqiān 1,000

1 빈칸에 알맞은 단어를 골라 쓰세요.

> 晚上   是吗   明天   是   几月   几号

明天晚上 有时间吗? 金辉

王英   今天(　　)(　　)(　　)?

2月5号，星期天。 金辉

王英   (　　)? 后天是春节。

是的，(　　)是除夕。 金辉

王英   哦，我们(　　)见。

2 빈칸에 알맞은 단어를 골라 쓰세요.

> 是   是吗   不是

(1) 今天(　　)星期五。 오늘은 금요일이 아닙니다.

(2) 明天(　　)星期二。 내일은 화요일입니다.

(3) (　　)? 春节快乐。 그렇습니까? 즐거운 설날 보내십시오.

1 MP3 파일을 듣고 일치하는 발음을 고르세요. 🎧 02-2

(1) ⓐ 今天是星期六。　　　ⓑ 今天是星期日。

(2) ⓐ 今年是二零一九年。　ⓑ 明年是二零一九年。

(3) ⓐ 明天是春节。　　　　ⓑ 今天是除夕。

(4) ⓐ 后天是五月十七号。　ⓑ 前天是五月十七号。

2 MP3 파일을 듣고 내용과 일치하는 그림을 고르세요. 🎧 02-3

(1) _____　(2) _____　(3) _____　(4) _____

ⓐ 　ⓑ

ⓒ 　ⓓ

다음 대화를 읽고 내용과 일치하면 O, 일치하지 않으면 X를 표시하세요.

A: 明天是几月几号?
　　Míngtiān shì jǐ yuè jǐ hào?

B: 明天是2月5号。
　　Míngtiān shì èr yuè wǔ hào.

A: 明天是星期几?
　　Míngtiān shì xīngqī jǐ?

B: 星期五。
　　Xīngqīwǔ.

A: 明天是春节。
　　Míngtiān shì chūnjié.

B: 是的。
　　Shìde.

---

(1) 대화를 한 날은 설날이다. 　　　　　　　　(　　　)

(2) 대화를 한 날은 목요일이다. 　　　　　　　(　　　)

(3) 설날은 2월 5일이다. 　　　　　　　　　　(　　　)

(4) 오늘은 2월 5일이다. 　　　　　　　　　　(　　　)

 쓰기 연습

주어진 단어를 순서에 맞게 배열하세요.

1 내일은 몇 월 며칠입니까?

明天 / 号 / 是 / 几 / 月 / 几

➡ _____

2 모레는 무슨 요일입니까?

几 / 后天 / 是 / 星期

➡ _____

3 12월 5일은 일요일입니다.

是 / 5号 / 12月 / 星期天

➡ _____

4 오늘은 2020년 7월 4일입니다.

今天 / 二零二零年 / 是 / 4号 / 7月

➡ _____

5 우리 내일 오전에 만나요.

我们 / 早上 / 明天 / 见

➡ _____

3

三代同堂。

Sāndà tóngtáng.

삼대가 함께 살아요.

가족

중국에서는 1970년대부터 인구 증가를 억제하기 위해 '한 자녀 정책'이라는 계획
생육제도를 실시하였습니다. 하지만 많은 논란 끝에 2016년에 이 제도가 폐지되
어 지금은 한 가정에 2명의 자녀까지 허용되고 있습니다. '한 자녀 정책'이 시행
되던 시절, 온 가족의 사랑을 독차지하고 자라는 외동 아이들이 과잉보호를 받으
며 성장하여 일명 '소황제'라고 불리우며 사회적으로 문제가 되기도 하였습니다.

대화를 듣고 큰 소리로 따라 읽어 보세요.

李花　见到王英了吗?
　　　Jiàndào Wáng Yīng le ma?

金辉　还没有。
　　　Hái méiyǒu.

　　　她家有几口人?
　　　Tā jiā yǒu jǐ kǒu rén?

　　　都有什么人?
　　　Dōu yǒu shénme rén?

李花　她家有五口人, 爷爷、奶奶、爸爸、妈妈和她。
　　　Tā jiā yǒu wǔ kǒu rén, yéye, nǎinai, bàba, māma hé tā.

金辉　她是独生女吗?
　　　Tā shì dúshēngnǚ ma?

李花　是的。她家3代同堂。
　　　Shìde. Tā jiā sāndài tóngtáng.

　　　她家3代都是医生。
　　　Tā jiā sāndài dōushì yīshēng.

金辉　真好。
　　　Zhēn hǎo.

해석

리화   왕영을 만나 봤어?

김휘   아직 못 만났어. 그녀의 집에는 몇 명의 식구가 있어? 모두 누구누구
       있어?

리화   그녀의 집에는 5명의 식구가 있어, 할아버지, 할머니, 아빠, 엄마와 그
       녀야.

김휘   그녀는 외동딸이야?

리화   맞아. 그녀의 집은 3대가 함께 살아. 그녀의 집은 3대가 모두 의사야.

김휘   참 좋네.

새단어

口 kǒu 양 식구(사람을 세는 단위)	妈妈 māma 명 어머니
人 rén 명 사람	独生女 dúshēngnǚ 명 외동딸
爷爷 yéye 명 할아버지	代 dài 명 세대
奶奶 nǎinai 명 할머니	同堂 tóngtáng 동 일족이 함께 살다
爸爸 bàba 명 아버지	医生 yīshēng 명 의사

1 她家有几口人？ 그녀의 집에는 몇 명의 식구가 있습니까?

10 이하의 작은 수에서 '얼마', '몇'을 물을 때는 보통 수사 几(jǐ)로 묻습니다. 几 뒤에는 양사가 오는데, 양사란 사람이나 사물을 세는 단위입니다. 중국어에서는 수사와 명사 사이에 반드시 양사를 써야 합니다.

A: 你家有几口人？ Nǐ jiā yǒu jǐ kǒu rén? 당신의 집에는 몇 명의 식구가 있습니까?

B: 我家有三口人。 Wǒ jiā yǒu sān kǒu rén. 저의 집에는 세 명의 식구가 있습니다.

几杯水	几本书	几件衣服	几个孩子
jǐ bēi shuǐ	jǐ běn shū	jǐ jiàn yīfu	jǐ gè háizi
몇 컵의 물	몇 권의 책	몇 벌의 옷	몇 명의 아이
两杯水	五本书	七件衣服	六个孩子
liǎng bēi shuǐ	wǔ běn shū	qī jiàn yīfu	liù gè háizi
물 두 잔	책 다섯 권	옷 일곱 벌	아이 여섯 명

● 양사

杯 bēi	잔, 컵
本 běn	권
口 kǒu	식구
件 jiàn	벌
个 gè	개, 명

2 爷爷、奶奶、爸爸、妈妈和她。
할아버지, 할머니, 아빠, 엄마와 그녀입니다.

A: 都有什么人？ Dōu yǒu shénme rén? 모두 누구누구 있어?

B: 爸爸、妈妈还有我。 Bàba, māma hái yǒu wǒ. 아빠, 엄마 그리고 내가 있어.

叔叔	姑姑	舅舅	阿姨
shūshu	gūgu	jiùjiu	āyí
숙부	고모	외삼촌	이모

1 의문문

평서문 끝에 어기조사 吗(ma)를 붙이면 의문문이 됩니다.

> 주어 + 술어 + 목적어 + 吗?

- **她是独生女吗?** 그녀는 외동딸입니까?
  Tā shì dúshēngnǚ ma?

- **他是医生吗?** 그는 의사입니까?
  Tā shì yīshēng ma?

- **她是老师吗?** 그녀는 선생님입니까?
  Tā shì lǎoshī ma?

2 有자문

동사 有(yǒu)가 술어로 쓰여, 주어가 목적어를 '가지고 있음'을 나타내는 문형입니다. 의문문은 평서문 끝에 吗(ma)를 붙이거나 의문사 几(jǐ)를 넣어 만듭니다.

긍정문	他们有书。 Tāmen yǒu shū. 그들은 책이 있습니다.	我们家有人。 Wǒmen jiā yǒu rén. 우리 집에 사람이 있습니다.
부정문	他们没有书。 Tāmen méi yǒu shū. 그들은 책이 없습니다.	我们家没有人。 Wǒmen jiā méi yǒu rén. 우리 집에는 사람이 없습니다.
의문문	他们有书吗? Tāmen yǒu shū ma? 그들은 책이 있습니까?	你们家有几口人? Nǐmen jiā yǒu jǐ kǒu rén? 당신의 집에는 몇 명의 식구가 있습니까?

1 빈칸에 알맞은 단어를 고르세요.

(1) 你有几(　　)水?

ⓐ 杯　　　ⓑ 口　　　ⓒ 套　　　ⓓ 本

(2) 她们家有几(　　)人。

ⓐ 本　　　ⓑ 口　　　ⓒ 瓶　　　ⓓ 套

(3) 你有几(　　)书?

ⓐ 杯　　　ⓑ 口　　　ⓒ 本　　　ⓓ 只

2 다음 평서문을 吗 의문문으로 바꿔 쓰세요.

(1) 你是医生。　　　→ ＿＿＿＿＿＿＿＿＿＿＿

(2) 你有孩子。　　　→ ＿＿＿＿＿＿＿＿＿＿＿

3 〈보기〉와 같이 대답에 맞는 질문을 쓰세요.

·보기·

你有几本书? – 我有3本书。

(1) ＿＿＿＿＿＿＿＿＿＿　－　她家有5口人。

(2) ＿＿＿＿＿＿＿＿＿＿　－　他们有2个孩子。

1

MP3 파일을 듣고 일치하는 발음을 고르세요. 🎧 03-2

(1) _____ (2) _____ (3) _____ (4) _____ (5) _____

- 보기 -

ⓐ 三口人   ⓑ 五口人   ⓒ 怎么样   ⓓ 爸爸

ⓔ 爷爷   ⓕ 妈妈   ⓖ 3代   ⓗ 同堂

ⓘ 奶奶   ⓙ 医生   ⓚ 有   ⓛ 独生女

2

MP3 파일을 듣고 내용과 일치하는 그림을 고르세요. 🎧 03-3

(1) _____ (2) _____ (3) _____ (4) _____

ⓐ

ⓑ

ⓒ

ⓓ

다음 대화를 읽고 내용과 일치하면 O, 일치하지 않으면 X를 표시하세요.

A: 李明是独生子吗?

Lǐ Míng shì dúshēngzǐ ma?

B: 不是，他还有姐姐和妹妹。

Búshì, tā háiyǒu jiějie hé mèimei.

A: 哦，他家有几口人?

Ò, tā jiā yǒu jǐ kǒu rén?

B: 他家有7口人。爷爷、奶奶、爸爸、妈妈、姐姐、妹妹还有他。3代同堂。

Tājiā yǒu qī kǒu rén. Yéye, nǎinai, bàba, māma, jiějie, mèimei háiyǒu tā. Sāndài tóngtáng.

A: 真好。

Zhēn hǎo.

(1) 리명은 외동아들이다. ( )

(2) 리명에게는 누나, 남동생이 있다. ( )

(3) 리명의 가족은 7명이다. ( )

(4) 리명의 가족은 3대가 한집에 산다. ( )

주어진 단어를 순서에 맞게 배열하세요.

1 그녀의 집에는 몇 명의 식구가 있습니까?

有 / 几 / 口 / 人 / 家 / 她

➡ _____

2 그녀의 집에는 5명의 식구가 있습니다.

家 / 有 / 五 / 人 / 口 / 她

➡ _____

3 그들은 의사입니까?

是 / 医生 / 吗 / 他们

➡ _____

4 그녀는 외동딸입니다.

她 / 独生女 / 是

➡ _____

5 그녀는 선생님입니까?

吗 / 她 / 老师 / 是

➡ _____

第

4

我想吃麻辣烫。

Wǒ xiǎng chī málàtàng.

저는 마라탕을 먹고 싶어요.

마라탕

중국 음식은 지역에 따라 크게 사천 요리, 광둥 요리, 산둥 요리, 회양 요리 4가지가 있습니다. 마라탕은 사천에서 유래한 음식으로, 뱃사공들이 배에서 추위를 이겨내기 위해 주위에 있는 각종 채소와 향신료를 넣어 만들어 먹던 음식에서 유래합니다. 마라탕에는 '팔각'이라는 향신료가 들어가는데, 팔각은 중국의 대표적인 향신료로서 독특한 향으로 요리의 맛을 살리는 역할을 합니다. 채소, 고기, 면 등 다양한 재료를 취향에 따라 넣어 먹을 수 있습니다.

대화를 듣고 큰 소리로 따라 읽어 보세요.

李花　我们去吃饭吧。
Wǒmen qù chī fàn ba .

金辉　好的，想吃什么？
Hǎode, xiǎng chī shénme?

李花　想吃麻辣烫。
Xiǎng chī málàtàng.

金辉　你喜欢四川料理吗？
Nǐ xǐhuan sìchuān liàolǐ ma?

李花　是的。我喜欢吃辣的，不喜欢甜的。
Shìde. Wǒ xǐhuan chī là de, bù xǐhuan tián de.

金辉　我喜欢甜的。
Wǒ xǐhuan tián de.

我喜欢广式料理。
Wǒ xǐhuan guǎngshì liàolǐ.

리화   우리 밥 먹으러 가자.

김휘   좋아, 뭐 먹고 싶어?

리화   마라탕을 먹고 싶어.

김휘   사천 요리를 좋아하니?

리화   응. 나는 매운 음식을 좋아해, 단 음식은 좋아하지 않아.

김휘   나는 단 음식을 좋아해. 나는 광둥 요리를 좋아해.

새단어

□ 去 qù 통 가다	□ 四川 sìchuān 명 사천
□ 吃 chī 통 먹다	□ 料理 liàolǐ 명 요리
□ 饭 fàn 명 밥	□ 辣 là 형 맵다
□ 想 xiǎng 통 바라다, 생각하다	□ 广式 guǎngshì 명 광둥식
□ 喜欢 xǐhuan 통 좋아하다	□ 甜 tián 형 달다

1 好的 。 좋습니다.

상대방의 말을 긍정하며 동의하는 표현입니다.

A: 去喝茶吧 。 Qù hē chá ba. 가서 차를 마십시다.
B: 好的 。 Hǎode. 좋습니다.

2 想吃什么 ？ 무엇을 먹고 싶나요?

想(xiǎng)은 '~을 바라다', '~하고 싶다'라는 의미입니다. 想 뒤에는 동사나 명사, 대명사가 올 수 있습니다.

A: 你想吃什么 ？ Nǐ xiǎng chī shénme? 당신은 무엇을 드시고 싶나요?
B: 我想吃麻辣烫 。 Wǒ xiǎng chī málàtàng. 저는 마라탕을 먹고 싶습니다.

想은 '그리워하다', '생각하다'라는 뜻도 있습니다.

A: 我想你 。 Wǒ xiǎng nǐ. 저는 당신이 보고 싶어요(그리워요).
B: 我也想你 。 Wǒ yě xiǎng nǐ. 저도 당신이 보고 싶어요(그리워요).

3 我喜欢吃辣的 。 저는 매운 음식을 좋아해요.

喜欢(xǐhuan)은 '좋아하다'라는 의미로, 爱(ai)보다는 강도가 약한 단어입니다. 뒤에는 동사 혹은 (대)명사가 옵니다.

A: 你喜欢吃什么 ？ Nǐ xǐhuan chī shénme? 당신은 무엇을 먹는 것을 좋아하나요?
B: 我喜欢吃广式料理 。 저는 광둥 요리 먹는 것을 좋아합니다.
 Wǒ xǐhuan chī guǎngshì liàolǐ.
A: 你喜欢动物吗 ？ Nǐ xǐhuan dòngwù ma? 당신은 동물을 좋아하나요?
B: 我喜欢 。 Wǒ xǐhuan. 좋아합니다.

1 동사 술어문

동사가 술어 역할을 하여 '주어 + 동사' 순으로 이루어진 문장을 '동사 술어문'이라고 합니다. 동사 술어문에서 목적어는 동사 뒤에 위치합니다. 부정문은 동사 앞에 不를 씁니다.

구분	형식	예문
평서문	주어 + 동사 + 목적어	她看书。 그녀는 책을 봅니다. Tā kàn shū.
부정문	주어 + 不 + 동사 + 목적어	她不看书。 그녀는 책을 보지 않습니다. Tā bú kàn shū.
의문문	주어 + 동사 + 목적어 + 吗?	她看书吗？ 그녀는 책을 보나요? Tā kàn shū ma?

2 어기조사 吧

어기조사란 문장 끝에 붙어 말의 어감을 바꾸어 주는 조사입니다. 문장 끝에 吧(ba)를 붙이면 가벼운 명령, 권유 혹은 의문이나 추측을 나타냅니다.

- [가벼운 명령] 来一只北京烤鸭吧。 Lái yī zhī Běijīng kǎoyā ba. 북경오리 하나 주세요.
- [권유] 我们一起去吧。 Wǒmen yìqǐ qù ba. 우리 함께 갑시다.
- [의문, 추측] 你是韩国人吧？ Nǐ shì Hánguórén ba? 당신은 한국 사람이죠?

3 去 vs. 走

去(qù)와 走(zǒu)는 모두 '가다'라는 뜻이지만, 去는 뒤에 구체적인 장소 목적어가 올 수 있는 반면 走는 '자리를 떠나다'라는 의미가 강해 구체적인 장소 목적어가 올 수 없습니다. 또한 走에는 '걷다'의 뜻도 있습니다.

- 我明年去中国。 Wǒ míngnián qù Zhōngguó. 저는 내년에 중국에 갑니다.
- 现在我们走吧。 Xiànzài wǒmen zǒu ba. 지금 우리 갑시다.

1 빈칸에 알맞은 단어를 고르세요.

(1) 我(   )汉语。

ⓐ 看   ⓑ 学   ⓒ 去   ⓓ 走

(2) 我明年(   )韩国。

ⓐ 走   ⓑ 看   ⓒ 去   ⓓ 学

(3) 你(   )中国料理吗?

ⓐ 吃   ⓑ 走   ⓒ 去   ⓓ 听

(4) 我(   )着回去。

ⓐ 去   ⓑ 来   ⓒ 走   ⓓ 看

2 다음 문장을 괄호 안의 형식으로 바꿔 쓰세요.

(1) 我看电视。(부정문)   → _____

(2) 她听音乐。(의문문)   → _____

(3) 我学汉语。(부정문)   → _____

(4) 她喝可乐。(의문문)   → _____

1 MP3 파일을 듣고 일치하는 발음을 고르세요. 🎧 04-2

(1) ⓐ 广式料理   ⓑ 四川料理

(2) ⓐ 辣   ⓑ 甜

(3) ⓐ 吃饭   ⓑ 吃菜

(4) ⓐ 想   ⓑ 喜欢

(5) ⓐ 喝果汁   ⓑ 喝可乐

2 MP3 파일을 듣고 내용과 일치하는 그림을 고르세요. 🎧 04-3

(1) _____   (2) _____   (3) _____   (4) _____

ⓐ

ⓑ

ⓒ

ⓓ

다음 대화를 읽고 내용과 일치하면 O, 일치하지 않으면 X를 표시하세요.

A: 我们跟小明一起去吃饭吧。

Wǒmen gēn Xiǎo Míng yìqǐ qù chī fàn ba.

B: 好的，你想吃什么？

Hǎode, nǐ xiǎng chī shénme?

A: 我想吃麻辣烫，不过小明不喜欢辣的。

Wǒ xiǎng chī málàtàng, búguò Xiǎo Míng bù xǐhuan là de.

B: 他喜欢山东料理吗？

Tā xǐhuan shāndōng liàolǐ ma?

A: 他喜欢酸甜的。

Tā xǐhuan suāntián de.

B: 那我们去吃鲁菜吧。去吃糖醋鲤鱼。

Nà wǒmen qù chī lǔcài ba. Qù chī tángcùlǐyú.

A: 好的。

Hǎode.

* **糖醋鲤鱼**(탕추리위): 생선을 기름에 튀겨 새콤달콤한 소스를 얹어서 먹는 요리. 탕수육과 비슷하지만 탕수육은 고기를 튀기지만 탕추리위는 생선을 튀긴다는 차이가 있다.

---

(1) 두 사람은 식사하러 갈 것이다.   (   )

(2) A는 마라탕을 먹고 싶어 한다.   (   )

(3) 소명은 매운 음식을 좋아한다.   (   )

(4) 그들은 산둥 요리를 먹으러 갈 것이다.   (   )

주어진 단어를 순서에 맞게 배열하세요.

1 우리 밥 먹으러 가자.

我们 / 吃 / 吧 / 去 / 饭

➡ _____

2 너는 뭐 먹고 싶어?

你 / 吃 / 想 / 什么

➡ _____

3 나는 마라탕을 먹고 싶어.

麻辣烫 / 吃 / 我 / 想

➡ _____

4 너는 사천 요리를 좋아하니?

四川料理 / 吗 / 你 / 喜欢

➡ _____

5 나는 매운 음식을 좋아해, 단 음식은 좋아하지 않아.

喜欢 / 我 / 吃 / 喜欢 / 不 / 甜的 / 辣的

➡ _____

-第-

5

欢迎光临。

Huānyíng guānglín.

어서 오세요.

대화를 듣고 큰 소리로 따라 읽어 보세요.

服务员　欢迎光临，预约了吗？
Huānyíng guānglín, yùyuē le ma?

金辉　没有。两位，有位子吗？
Méiyǒu. Liǎng wèi, yǒu wèizi ma?

服务员　有，请坐这边。
Yǒu, qǐng zuò zhèbiān.

金辉　你们家特色是什么？
Nǐmen jiā tèsè shì shénme?

服务员　我们家的北京烤鸭很好吃。
Wǒmen jiā de Běijīng kǎoyā hěn hǎochī.

金辉　想吃北京烤鸭吗？
Xiǎng chī Běijīng kǎoyā ma?

李花　好的。
Hǎode.

金辉　来一只北京烤鸭吧。
Lái yī zhī Běijīng kǎoyā ba.

服务员　好的。
Hǎode.

· 해석 ·

종업원   어서 오세요, 예약하셨나요?
김휘   아니요. 두 사람입니다, 자리가 있나요?
종업원   있습니다, 이쪽에 앉으세요.
김휘   이 집의 특색 음식은 무엇인가요?
종업원   우리 집은 북경오리가 아주 맛있습니다.
김휘   북경오리 먹고 싶어?
리화   좋아.
김휘   북경오리 하나 주세요.
종업원   알겠습니다.

· 새단어 ·

▫ **欢迎** huānyíng 동 환영하다   ▫ **特色** tèsè 명 특색

▫ **光临** guānglín 명 동 왕림(하다)   ▫ **北京** Běijīng 명 북경

▫ **预** yù 동 참가하다   ▫ **烤鸭** kǎoyā 명 오리구이

▫ **约** yuē 동 약속하다   ▫ **好吃** hǎochī 형 맛있다

▫ **家** jiā 명 집

1 请坐这边。 이쪽에 앉으세요.

请(qǐng)은 보통 문장 앞에 쓰여 명령, 권유를 나타냅니다.

A: 请坐。 Qǐng zuò. 앉으세요.

B: 好的。 Hǎode. 알겠습니다.

进	看	听
jìn	kàn	tīng
들어오다	보다	듣다

2 来一只北京烤鸭吧。 북경오리 하나 주세요.

来(lái)가 문장 앞에 쓰일 때는 '주세요'라는 의미입니다.

A: 来一只北京烤鸭吧。 Lái yī zhī Běijīng kǎoyā ba. 북경오리 하나 주세요.

B: 好的。 Hǎode. 알겠습니다.

一杯可乐	一碗饭	两瓶啤酒
yī bēi kělè	yī wǎn fàn	liǎng píng píjiǔ
콜라 한 잔	밥 한 그릇	맥주 두 병

3 我们家的北京烤鸭很好吃。 우리 집은 북경오리가 아주 맛있습니다.

형용사 술어문은 형용사가 술어 자리에 놓여 주어의 특징을 묘사하는 문장입니다.

• 北京烤鸭很好吃。 북경오리는 아주 맛있습니다.
  Běijīng kǎoyā hěn hǎochī.

衣服	风景	书
yīfu	fēngjǐng	shū
옷	풍경	책
漂亮	美	厚
piàoliang	měi	hòu
예쁘다	아름답다	두껍다

1 형용사 술어문

형용사가 술어 역할을 하는 문장을 '형용사 술어문'이라고 합니다. 형용사 앞에 '매우', '대단히'라는 뜻의 정도부사 很(hěn), 非常(fēicháng) 등을 붙여 정도를 나타낼 수 있습니다.

● **긍정문과 부정문** : 긍정문에서는 꼭 '매우'라는 의미가 없어도 습관처럼 형용사 앞에 很을 붙입니다. 부정문은 형용사 술어 앞에 不를 넣어 만듭니다.

> 주어 + 很 + 형용사   주어 + 不 + 형용사

- 北京烤鸭很好吃。 Běijīng kǎoyā hěn hǎochī. 북경오리는 매우 맛있습니다.
- 北京烤鸭不好吃。 Běijīng kǎoyā bù hǎochī. 북경오리는 맛이 없습니다.

● **의문문** : 동사 술어문과 같이 문장 끝에 어기조사 吗(ma)를 붙이거나, 형용사의 긍정형과 부정형을 나란히 써주는 정반의문문 형태를 쓰거나, 의문사를 활용하여 만듭니다.

> 주어 + 형용사 + 吗?
> 주어 + 형용사 + 不 + 형용사?
> 의문사 + 형용사?

- 这个贵吗？ Zhège guì ma? 이것은 비쌉니까?
- 这个贵不贵？ Zhège guì bú guì? 이것은 비쌉니까 안 비쌉니까?
- 哪个漂亮？ Nǎ ge piàoliang? 어느 것이 예쁜가요?

2 동태조사 了

동사 뒤에 동태조사 了(le)를 쓰면 동작의 완성(과거 시제)을 나타냅니다.

- 我预约了。 Wǒ yùyuē le. 저는 예약했습니다.
- 我吃了。 Wǒ chī le. 저는 먹었습니다.

의문문은 了 뒤에 吗를 붙입니다.

- 预约了吗？ Yùyuē le ma? 예약하셨나요?

1 빈칸에 알맞은 단어를 골라 쓰세요.

吧	了	位	吗	来	好吃

服务员　欢迎光临，预约（　　　）吗？

金辉　　没有。两（　　　），有位子吗？

服务员　有，这边请。

金辉　　你们家特色是什么？

服务员　我们家的北京烤鸭很（　　　）。

金辉　　想吃北京烤鸭（　　　）？

李花　　好的。

金辉　　（　　　）一只北京烤鸭（　　　）。

服务员　好的。

2 다음 문장을 괄호 안의 형식으로 바꿔 쓰세요.

(1) 她很可爱。(부정문)　　→ _____

(2) 他帅。　　(의문문)　　→ _____

(3) 我去。　　(동태조사 了 사용)　→ _____

1 MP3 파일을 듣고 일치하는 발음을 고르세요.　🎧 05-2

(1) ⓐ 欢迎　　　ⓑ 光临

(2) ⓐ 北京　　　ⓑ 长春

(3) ⓐ 预　　　　ⓑ 约

(4) ⓐ 好看　　　ⓑ 好吃

(5) ⓐ 来　　　　ⓑ 去

2 MP3 파일을 듣고 내용과 일치하는 그림을 고르세요.　🎧 05-3

(1) _____　(2) _____　(3) _____　(4) _____

ⓐ

ⓑ

ⓒ

ⓓ

독해 연습

다음 대화를 읽고 내용과 일치하면 O, 일치하지 않으면 X를 표시하세요.

服务员　欢迎光临，预约了吗？
　　　　Huānyíng guānglín, yùyuē le ma?

A　　　没有。五位，有位子吗？
　　　　Méiyǒu. Wǔ wèi, yǒu wèizi ma?

服务员　现在没有，可以先点餐。
　　　　Xiànzài méiyǒu, kěyǐ xiān diǎncān.

A　　　你们家特色是什么？
　　　　Nǐmen jiā tèsè shì shénme?

服务员　我们家的烤鱼好吃。
　　　　Wǒmen jiā de kǎoyú hǎochī.

A　　　想吃吗？
　　　　Xiǎng chī ma?

B　　　好的。
　　　　Hǎode.

A　　　来一只烤鱼吧。
　　　　Lái yī zhī kǎoyú ba.

服务员　好的。
　　　　Hǎode.

* **烤鱼**(코우위): 구운 생선 위에 양념을 하고 각종 야채를 올려 끓여(조려) 먹는 요리

(1) 식당에 온 손님 일행은 5명이다.　　　　　　　（　　　　）

(2) 이 식당의 특색 요리는 북경오리이다.　　　　　（　　　　）

(3) 현재 식당에는 자리가 있다.　　　　　　　　　（　　　　）

(4) 그들은 코우위를 먹을 것이다.　　　　　　　　（　　　　）

주어진 단어를 순서에 맞게 배열하세요.

1 두 사람입니다, 자리가 있나요?

两 / 位子 / 有 / 吗 / 位

➡ _____

2 이 집의 특색(음식)은 무엇인가요?

你们 / 特色 / 是 / 家 / 什么

➡ _____

3 우리 집은 북경오리가 아주 맛있습니다.

我们 / 北京 / 家的 / 烤鸭 / 好吃 / 很

➡ _____

4 북경오리 먹고 싶어?

想 / 北京 / 烤鸭 / 吗 / 吃

➡ _____

5 북경오리 하나 주세요.

吧 / 来 / 北京 / 烤鸭 / 一只

➡ _____

茶对身体好。

Chá duì shēntǐ hǎo.

차는 몸에 좋아요.

차(茶)

중국은 차로 유명한 나라입니다. 주로 중국의 남방 지역에서 차를 많이 재배하는데 종류는 크게 녹차, 홍차, 흑차, 우롱차, 황차로 나뉘며 우리가 많이 마시는 것은 녹차와 보이차(흑차에 속함)입니다. 보이차는 오래 묵을수록 품질이 뛰어나며 가격대도 높습니다. 차에는 혈관을 깨끗하게 하고 지방 축적을 막아주는 효능이 있어, 중국의 기름진 음식과 궁합이 잘 맞는다고 할 수 있습니다. 중국 사람들에게 차 문화는 생활의 일부라고 할 수 있을 만큼 일상적이면서도 중요합니다.

대화를 듣고 큰 소리로 따라 읽어 보세요.

金辉 见到您很高兴。
       Jiàndào nín hěn gāoxìng.

王英 我也很高兴。
       Wó yě hěn gāoxìng.

金辉 我们一起去喝茶吧。
       Wǒmen yìqǐ qù hē chá ba.

王英 行，这附近有茶馆吗？
       Xíng, zhè fùjìn yǒu cháguǎn ma?

金辉 有，在百货对面。
       Yǒu, zài bǎihuò duìmiàn.

王英 你想喝什么茶？
       Nǐ xiǎng hē shénme chá?

金辉 我要喝绿茶，你呢？
       Wǒ yào hē lǜchá, nǐ ne?

王英 我要喝红茶。
       Wo yào hē hóngchá.

金辉 红茶对女生好。
       Hóngchá duì nǚshēng hǎo.

王英 对呀，茶对身体好。
       Duì ya, chá duì shēntǐ hǎo.

· 해석 ·

김휘	당신을 만나게 되어 기쁩니다.
왕영	저도 기쁩니다.
김휘	우리 같이 차 마시러 갑시다.
왕영	좋습니다, 근처에 찻집이 있습니까?
김휘	있습니다, 백화점 맞은편에 있습니다.
왕영	무슨 차를 마시고 싶으세요?
김휘	저는 녹차를 마시려고 합니다, 당신은요?
왕영	저는 홍차를 마시겠습니다.
김휘	홍차는 여성들한테 좋지요.
왕영	맞습니다, 차는 몸에 좋습니다.

· 새단어 ·

□ 一起 yìqǐ 튀 같이, 더불어, 함께	□ 对面 duìmiàn 명 반대편, 맞은편
□ 喝 hē 동 마시다	□ 绿茶 lǜchá 명 녹차
□ 茶 chá 명 차	□ 红茶 hóngchá 명 홍차
□ 附近 fùjìn 명 부근	□ 对 duì 동 응답하다, 대응하다
□ 茶馆 cháguǎn 명 찻집	□ 女生 nǚshēng 명 여성
□ 百货 bǎihuò 명 백화점	□ 身体 shēntǐ 명 몸, 건강

1 我们一起去喝茶吧。 우리 같이 차 마시러 갑시다.

一起(yìqǐ) 뒤에 동사를 쓰면 '함께 ~하다'라는 의미가 됩니다.

A: 一起喝茶吧。 Yìqǐ hē chá ba. 함께 차를 마십시다.

B: 好的。 Hǎode. 좋습니다.

做运动	玩游戏	工作
zuò yùndòng	wán yóuxì	gōngzuò
운동을 하다	게임을 하다	일하다

2 在百货对面。 백화점 맞은편에 있습니다.

맞은편, 옆, 앞, 뒤 등 방향이나 위치를 나타내는 말을 방위사라고 합니다.

A: 这附近有咖啡店吗？ Zhè fùjìn yǒu kāfēidiàn ma? 주변에 커피숍이 있나요?

B: 在百货对面。 Zài bǎihuò duìmiàn. 백화점 맞은편에 있습니다.

旁边	前面	后面
pángbiān	qiánmiàn	hòumiàn
옆	앞	뒤

3 红茶对女生好。 홍차는 여성에게 좋습니다.

'对(duì)~ 好/不好(hǎo/bù hǎo)'는 '~에 좋다/좋지 않다'라는 의미로 对 뒤에 명사가 옵니다.

A: 这对女生好。 Zhè duì nǚshēng hǎo. 이것은 여성에게 좋습니다.

B: 是的。 Shìde. 맞습니다.

男生	孩子	老人
nánshēng	háizi	lǎorén
남성	아이	노인

1 조동사 要, 想, 会

조동사는 동사 앞에 놓여 의지, 바람, 능력, 가능성 등을 나타냅니다.

要 yào ～하려고 한다, ～해야 한다   想 xiǎng ～하고 싶다   会 huì ～할 줄 안다, ～할 것이다(가능성)

● **긍정문** : 동사 앞에 조동사를 씁니다.

- 我要喝绿茶。 Wǒ yào hē lǜchá.   저는 녹차를 마시려고 합니다(마실 겁니다).
- 我想回家。 Wǒ xiǎng huí jiā.   저는 집에 가고 싶습니다.
- 我会说汉语。 Wǒ huì shuō Hànyǔ.   저는 중국어를 말할 수 있습니다.

● **부정문** : 조동사 앞에 不를 씁니다.

- 我不要喝茶。 Wǒ búyào hē chá.   저는 차를 마시지 않겠습니다.
- 我不想回家。 Wǒ bùxiǎng huí jiā.   저는 집에 가고 싶지 않습니다.
- 我不会说汉语。 Wǒ búhuì shuō Hànyǔ.   저는 중국어를 말할 수 없습니다.

● **의문문** : 문장 끝에 吗를 붙입니다.

- 你要喝茶吗？ Nǐ yào hē chá ma?   당신은 차를 마실 겁니까?
- 你想回家吗？ Nǐ xiǎng huí jiā ma?   당신은 집에 돌아가고 싶습니까?
- 你会说汉语吗？ Nǐ huì shuō Hànyǔ ma?   당신은 중국어를 말할 수 있습니까?

2 어기조사 呢

呢(ne)는 앞의 내용을 이어 받아 상대방에게 같은 내용을 물어볼 때 씁니다.

- 我要喝咖啡，你呢？ Wǒ yào hē kāfēi, nǐ ne?   저는 커피를 마시고 싶습니다. 당신은요?
- 我很好，你呢？ Wǒ hěn hǎo, nǐ ne? 저는 아주 좋습니다. 당신은요?

1 빈칸에 알맞은 단어를 골라 쓰세요.(단어 중복 사용 있음)

> 一起　　对面　　对　　附近　　要

金辉　　我们（　　　）去喝茶吧。

王英　　行，这（　　　）有茶馆吗？

金辉　　有，在百货（　　　）。

王英　　你要喝什么茶？

金辉　　我（　　　）喝绿茶，你呢？

王英　　我要喝红茶。

金辉　　红茶（　　　）女生好。

王英　　对呀，茶（　　　）身体好。

2 빈칸에 알맞은 조동사를 쓰세요.

(1) 我（　　　）回家。저는 집으로 돌아가려고 합니다.

(2) 我们（　　　）去旅行。우리는 여행을 가고 싶습니다.

(3) 我（　　　）喝茶。저는 차를 마시고 싶습니다.

(4) 她（　　　）说英语。그녀는 영어를 말할 수 있습니다.

1 MP3 파일을 듣고 일치하는 발음을 고르세요. 🎧 06-2

(1) ⓐ 百货 　　　　 ⓑ 茶馆

(2) ⓐ 绿茶 　　　　 ⓑ 红茶

(3) ⓐ 呢 　　　　 ⓑ 吧

(4) ⓐ 喝 　　　　 ⓑ 吃

(5) ⓐ 附近 　　　　 ⓑ 对面

2 MP3 파일을 듣고 내용과 일치하는 그림을 고르세요. 🎧 06-3

(1) _____ (2) _____ (3) _____ (4) _____

ⓐ 　　　　ⓑ

ⓒ 　　　　ⓓ

다음 대화를 읽고 내용과 일치하면 O, 일치하지 않으면 X를 표시하세요.

A: 我们一起去喝咖啡吧。
Wǒmen yìqǐ qù hē kāfēi ba.

B: 行，这附近有没有咖啡店？
Xíng, zhè fùjìn yǒu méiyǒu kāfēidiàn?

A: 有，在百货一楼。
Yǒu, zài bǎihuò yī lóu.

B: 你想喝什么咖啡？
Nǐ xiǎng hē shénme kāfēi?

A: 我想喝美式，你呢？
Wǒ xiǎng hē měishì, nǐ ne?

B: 我想喝拿铁。
Wǒ xiǎng hē nátiě.

A: 咖啡对身体好吗？
Kāfēi duì shēntǐ hǎo ma?

B: 不太清楚。
Bú tài qīngchǔ.

---

(1) 두 사람은 커피를 마시러 갈 것이다.　　　　　(　　)

(2) 커피숍은 백화점 2층에 있다.　　　　　(　　)

(3) A는 아메리카노를 마실 것이다.　　　　　(　　)

(4) B는 아메리카노를 마실 것이다.　　　　　(　　)

주어진 단어를 순서에 맞게 배열하세요.

1 근처에 찻집이 있습니까?

附近 / 这 / 茶馆 / 有 / 吗

➡ _____

2 찻집은 백화점 맞은편에 있습니다.

茶馆 / 对面 / 在 / 百货

➡ _____

3 무슨 차를 마시고 싶습니까?

你 / 喝 / 茶 / 想 / 什么

➡ _____

4 저는 녹차를 마시고 싶습니다, 당신은요?

我 / 绿茶 / 想 / 喝 / 呢 / 你

➡ _____

5 홍차는 여성에게 좋습니다.

对 / 红茶 / 女生 / 好

➡ _____

你学的是什么专业?

Nǐ xué de shì shénme zhuānyè?

당신은 무엇을 전공했나요?

알면 도움되는 **중국 문화**

직업

한국과 마찬가지로 중국에서도 의사는 선망의 직업입니다. 그런데 이렇게 안정된 직업도 좋지만 현재 중국 젊은이들은 창업을 통해서 자신의 꿈을 실현하려는 경향이 큽니다. 정부에서 창업을 지원하는 혜택이 늘어나면서 참신한 경영 이념과 아이디어로 창업을 하여 성공하는 사례가 많아지고 있습니다. 외국에서 공부하고 돌아와 취업을 하거나 창업을 하는 젊은이들도 점점 늘어나고 있는데, 이들을 가리켜 海归 hǎiguī(외국에서 공부를 하고 돌아온 사람)라고 부르기도 합니다.

대화를 듣고 큰 소리로 따라 읽어 보세요.

金辉　听说你是医生，你在哪儿工作？
Tīngshuō nǐ shì yīshēng, nǐ zài nǎr gōngzuò?

王英　我在中韩医院工作。你呢？
Wǒ zài zhōnghán yīyuàn gōngzuò. Nǐ ne?

金辉　我在一家日本公司工作。
Wǒ zài yìjiā Rìběn gōngsī gōngzuò.

王英　你在哪个部门工作？
Nǐ zài nǎgè bùmén gōngzuò?

金辉　我在人事部门工作。
Wǒ zài rénshì bùmén gōngzuò.

王英　你学的是什么专业？
Nǐ xué de shì shénme zhuānyè?

金辉　我在日本学习的是行政专业。
Wǒ zài Rìběn xuéxí de shì xíngzhèng zhuānyè.

王英　你是海归，真厉害！
Nǐ shì hǎiguī, zhēn lìhài!

· 해석 ·

김휘   의사라고 들었는데, 어디에서 근무하세요?

왕영   저는 중한병원에서 근무합니다. 당신은요?

김휘   저는 일본 회사에서 근무합니다.

왕영   어느 부서에서 근무하세요?

김휘   저는 인사부서에서 근무합니다.

왕영   당신은 무슨 전공을 하셨나요?

김휘   저는 일본에서 행정을 전공했습니다.

왕영   유학파네요, 정말 대단하네요!

· 새단어 ·

听说 tīngshuō 동 듣자니 ~라 한다	部门 bùmén 명 부문
在 zài 개 ~에서	人事 rénshì 명 인사
工作 gōngzuò 명 동 일(하다), 직업	专业 zhuānyè 명 전공
医院 yīyuàn 명 병원	行政 xíngzhèng 명 행정
日本 Rìběn 명 일본	海归 hǎiguī 명 해외에서 일하거나 공부하고 돌아온 사람
公司 gōngsī 명 회사	厉害 lìhài 형 대단하다, 무섭다

1 你在哪儿工作？ 당신은 어디에서 근무하세요?

일반적으로 직업을 물을 때, '일', '일하다'라는 뜻의 工作(gōngzuò)를 사용합니다.

A: 你在哪儿工作？ Nǐ zài nǎr gōngzuò? 당신은 어디에서 근무하세요?

B: 我在医院工作。 Wǒ zài yīyuàn gōngzuò. 저는 병원에서 근무합니다.

学校	政府	法院
xuéxiào	zhèngfǔ	fǎyuàn
학교	정부	법원

A: 你做什么工作？ Nǐ zuò shénme gōngzuò? 당신은 무슨 일을 하세요?

B: 我是医生。 Wǒ shì yīshēng. 저는 의사입니다.

老师	公务员	法官
lǎoshī	gōngwùyuán	fǎguān
선생님	공무원	법관

2 你在哪个部门工作？ 어느 부서에서 근무하세요?

'부서'는 部门(bùmén), '전공'은 专业(zhuānyè)입니다.

A: 你在哪个部门工作？ Nǐ zài nǎge bùmén gōngzuò? 어느 부서에서 근무하세요?

B: 我在人事部门工作。 Wǒ zài rénshì bùmén gōngzuò. 인사과에서 근무합니다.

财务	广告	营销
cáiwù	guǎnggào	yíngxiāo
재무	광고	마케팅

A: 你学的是什么专业？ Nǐ xué de shì shénme zhuānyè? 무엇을 전공하셨나요?

B: 我学的是行政专业。 Wǒ xué de shì xíngzhèng zhuānyè. 행정을 전공했습니다.

法律	经营	经济
fǎlǜ	jīngyíng	jīngjì
법률	경영	경제

1 개사

개사(介词)는 전치사에 해당하는 품사입니다. '개사 + 명사' 형식의 개사구는 술어 앞에 놓여 부사어 역할을 하며 장소, 대상 등을 나타냅니다.

> 주어 + 개사구 + 술어

● 자주 쓰는 개사

在 zài	~에서	我在医院工作。 저는 병원에서 근무합니다. Wǒ zài yīyuàn gōngzuò.
跟 gēn	~와/과	我跟同事一起去。 저와 동료는 함께 갑니다. Wǒ gēn tóngshì yìqǐ qù.
和 hé	~와/과 함께	我和孩子一起去。 저는 아이들과 함께 갑니다. Wǒ hé háizi yìqǐ qù.
给 gěi	~에게/한테	姐姐给我礼物。 언니는 저한테 선물을 주었습니다. Jiějie gěi wǒ lǐwù.

2 장소사

장소사는 장소를 가리키는 말입니다.

대명사 (가까운 곳)	这儿 zhèr	여기	这儿有洗手间吗? 여기 화장실이 있나요? Zhèr yǒu xǐshǒujiān ma?
대명사 (먼 곳)	那儿 nàr	저기	你的衣服在那儿。 당신의 옷은 저기에 있어요. Nǐ de yīfu zài nàr.
의문대명사	哪儿 nǎr	어디	你去哪儿? 당신은 어디 가세요? Nǐ qù nǎr?

1 빈칸에 알맞은 단어를 골라 쓰세요.

> 听说　　什么　　一家　　在　　厉害　　哪个

A: (　　　)你是医生，你(　　　)哪儿工作？

B: 我在中韩医院工作。你呢？

A: 我在(　　　)日本公司工作。

B: 你在(　　　)部门工作？

A: 我在人事部门工作。

B: 你学的是(　　　)专业？

A: 我学的是行政专业。我在日本学了行政管理。

B: 你是海归，真(　　　)！

2 빈칸에 알맞은 개사를 쓰세요.

(1) 我(　　　)学校工作。 저는 학교에서 근무합니다.

(2) 我(　　　)朋友一起做。 저와 친구는 함께 합니다.

(3) 这是我姐(　　　)我的礼物。 이것은 저의 언니가 저한테 준 것입니다.

(4) 我(　　　)孩子一起去。 저는 아이와 함께 갑니다.

1

MP3 파일을 듣고 일치하는 발음을 고르세요. 🎧 07-2

(1) _____ (2) _____ (3) _____ (4) _____ (5) _____

ⓐ 工作	ⓑ 人事	ⓒ 中韩	ⓓ 专业
ⓔ 医院	ⓕ 日本	ⓖ 行政	ⓗ 部门
ⓘ 海归	ⓙ 公司	ⓚ 法律	ⓛ 厉害

2

MP3 파일을 듣고 내용과 일치하는 그림을 고르세요. 🎧 07-3

(1) _____ (2) _____ (3) _____ (4) _____

ⓐ

ⓑ

ⓒ

ⓓ

다음 대화를 읽고 내용과 일치하면 O, 일치하지 않으면 X를 표시하세요.

A: 听说你是老师，你在哪儿工作？
　　Tīngshuō nǐ shì lǎoshī, nǐ zài nǎr gōngzuò?

B: 我在国际学校工作。你呢？
　　Wǒ zài guójì xuéxiào gōngzuò. Nǐ ne?

A: 我在一家韩国大企业工作。
　　Wǒ zài yìjiā Hánguó dà qǐyè gōngzuò.

B: 你在哪个部门工作？
　　Nǐ zài nǎgè bùmén gōngzuò?

A: 我在营销部门工作。
　　Wǒ zài yíngxiāo bùmén gōngzuò.

B: 你学的是什么专业？
　　Nǐ xué de shì shénme zhuānyè?

A: 我学的是经营专业。在美国学习的。
　　Wǒ xué de shì jīngyíng zhuānyè. Zài Měiguó xuéxí de.

B: 你是海归，真厉害！
　　Nǐ shì hǎiguī, zhēn lìhài!

(1) B는 병원에서 일한다. 　　　　　　　　　　　　(　　　)

(2) A는 경영을 전공했다. 　　　　　　　　　　　　(　　　)

(3) A는 재무부서에서 일한다. 　　　　　　　　　　(　　　)

(4) A는 한국 대기업에서 일한다. 　　　　　　　　　(　　　)

주어진 단어를 순서에 맞게 배열하세요.

1 당신이 의사라고 들었습니다.

你 / 是 / 听说 / 医生

➡ _____

2 저는 중한병원에서 근무합니다, 당신은요?

我 / 医院 / 在 / 工作 / 中韩 / 呢 / 你

➡ _____

3 당신은 어느 부서에서 근무하십니까?

在 / 哪个 / 你 / 工作 / 部门

➡ _____

4 당신은 무슨 전공을 했나요(무엇을 전공했나요)?

什么 / 学的 / 你 / 是 / 专业

➡ _____

5 유학파네요, 정말 대단하네요!

海归 / 你 / 是 / 厉害 / 真

➡ _____

第

8

我在想你。

Wǒ zài xiǎng nǐ.

당신이 그리워요.

알면 도움되는 중국 문화

연애

남녀의 만남은 중국도 다른 대부분의 나라와 비슷합니다. 현대 중국 젊은이들은 자유 연애, 자유 혼인을 선호합니다. 중국에도 한국과 같이 만남을 주선하는 결혼 정보 회사가 있어, 학력, 직업, 가정환경 등 조건에 따라 등급을 매기어 만남을 주선해 주기도 합니다. 남녀를 소개해 주는 직업을 가진 사람을 남자는 月老 Yuèlǎo, 여자는 媒婆 Méipó라고 합니다.

08-1

대화를 듣고 큰 소리로 따라 읽어 보세요.

金辉
你在干嘛呢?
Nǐ zài gànma ne?

王英
我正在打扫房间，你呢?
Wǒ zhèngzài dǎsǎo fángjiān, nǐ ne?

金辉
我刚下班。我在想着你。😊
Wǒ gāng xiàbān. Wǒ zài xiǎng zhe nǐ.

王英
😊

金辉
吃晚饭了吗?
Chī wǎnfàn le ma?

王英
没有，妈妈正在做饭呢。
Méiyǒu, māma zhèngzài zuò fàn ne.

金辉
阿姨的手艺肯定很好。
Āyí de shǒuyì kěndìng hěn hǎo.

王英
是的，我妈妈做的饭很好吃。
Shìde, wǒ māma zuò de fàn hěn hǎochī.

金辉
我也想尝尝。
Wǒ yě xiǎng chángchang.

王英
改天过来吧。
Gǎitiān guò lái ba.

김휘	뭐 해요?
왕영	저는 방 청소를 하고 있어요, 당신은요?
김휘	저는 금방 퇴근했어요. 당신이 그리워요.
	저녁 식사 했나요?
왕영	아니요, 어머니가 지금 밥을 하고 계세요.
김휘	어머니 솜씨가 틀림없이 좋을 것 같아요.
왕영	맞아요, 저의 어머니 밥은 정말 맛있어요.
김휘	저도 한번 맛보고 싶어요.
왕영	나중에 오세요.

새단어

☐ 干 gàn 통 ~하다	☐ 做饭 zuò fàn 밥을 짓다, 취사하다
☐ 嘛 ma 대 무엇	☐ 阿姨 āyí 명 이모, 아주머니 (대화에서는 상대의 어머니를 지칭)
☐ 正在 zhèngzài 부 마침, 한창 (~하고 있는 중이다)	☐ 手艺 shǒuyì 명 솜씨
☐ 打扫 dǎsǎo 통 청소하다	☐ 肯定 kěndìng 부 확실히, 틀림없이
☐ 房间 fángjiān 명 방	☐ 尝 cháng 통 맛보다
☐ 下班 xiàbān 통 퇴근하다	☐ 改天 gǎitiān 명 후일

1 我正在打扫房间。 저는 방 청소를 하고 있어요.

동사 앞에 正在(zhèngzài)를 써서 동작이 진행되고 있음을 나타낼 수 있습니다. 여기에 더해, 문장 끝에 어기조사 呢(ne)를 붙이기도 합니다. 어기조사 呢는 현재진행형 문장 끝에 쓰여 동작이나 상황, 상태가 지속되고 있음을 나타냅니다.

A: 你在干嘛? 당신은 뭐 하고 있습니까?
   Nǐ zài gàn ma?

B: 我正在打扫房间。 저는 방 청소를 하고 있습니다.
   Wǒ zhèngzài dǎsǎo fángjiān.

• 妈妈正在做饭呢。 엄마가 지금 밥을 하고 있습니다.
   Māma zhèngzài zuò fàn ne.

整理东西	扫地	擦玻璃
zhěnglǐ dōngxī	sǎodì	cā bōlí
물건을 정리하다	바닥을 청소하다	유리를 닦다

2 阿姨的手艺肯定很好。 이모 솜씨가 틀림없이 좋을 것 같아요.

A: 阿姨的手艺肯定很好。 이모(아주머니) 솜씨가 틀림없이 좋을 것 같아요.
   Āyí de shǒuyì kěndìng hěn hǎo.

B: 是的。 맞아요.
   Shìde.

很好	很棒	很赞
hěn hǎo	hěn bàng	hěn zàn
아주 좋다	아주 좋다(멋있다)	아주 좋다

 **어법**

1 조사 着

着(zhe)는 동사 뒤에 쓰여 그 동사의 상태가 지속되고 있음을 나타냅니다.

> **동사 + 着 (+ 목적어)**

- 门开着。 Mén kāi zhe. 문이 열려 있습니다.
- 我想着你。 Wǒ xiǎng zhe nǐ. 저는 당신을 생각하고 있습니다.
- 他拿着一本书。 Tā ná zhe yīběn shū. 그는 한 권의 책을 가지고 있습니다.

2 동사의 부정형

동사의 부정형은 동사 앞에 没(méi)를 씁니다.

- 他没坐着，站着。 Tā méi zuò zhe, zhàn zhe. 그는 앉아 있지 않고, 서 있습니다.
- 我没看着你。 Wǒ méi kàn zhe nǐ. 저는 당신을 보고 있지 않습니다.
- 我没拿着书。 Wǒ méi ná zhe shū. 저는 책을 가지고 있지 않습니다.

3 동사중첩

동사를 중첩해서 사용하면 의미가 가벼워지거나 시도의 의미가 들어가 '좀 해 보다', '시험 삼아 해 보다'의 뜻이 됩니다. 단음절 동사는 동사 사이에 一(yī)를 넣을 수도 있으며 중첩된 동사는 경성으로 발음합니다.

- 你尝尝。 Nǐ chángchang. 당신이 한번 맛보세요.
- 你看看。 Nǐ kànkan. 당신이 한번 보세요.

听听	看看	试试
tīngting	kànkan	shìshi
들어 보다	봐 보다	시험해 보다

1 빈칸에 알맞은 단어를 골라 쓰세요.

> 在   干嘛   正在   了   尝尝   手艺

A: 你在(   )呢?

B: 我(   )打扫房间，你呢?

A: 我刚下班，我(   )想你。吃晚饭(   )吗?

B: 没有，妈妈正做饭呢。

A: 阿姨的(   )肯定很好。

B: 是的，我妈妈做的饭很好吃。

A: 我也想(   )。

B: 改天过来吧。

2 다음 단어를 사용하여 현재진행형 문장을 쓰세요.

(1) 我，做，运动

➡ _____

(2) 她，吃，午饭

➡ _____

(3) 我们，打扫，房间

➡ _____

(4) 他，洗，衣服

➡ _____

1 MP3 파일을 듣고 일치하는 발음을 고르세요.　　⌒ 08-2

   (1) ⓐ 做饭　　　　　ⓑ 做菜

   (2) ⓐ 打扫　　　　　ⓑ 扫地

   (3) ⓐ 房间　　　　　ⓑ 房屋

   (4) ⓐ 尝　　　　　　ⓑ 想

   (5) ⓐ 下班　　　　　ⓑ 上班

   (6) ⓐ 正在　　　　　ⓑ 正

2 MP3 파일을 듣고 내용과 일치하는 그림을 고르세요.　　⌒ 08-3

   (1) _____　(2) _____　(3) _____　(4) _____

ⓐ 　　　　ⓑ

ⓒ 　　　　ⓓ

다음 대화를 읽고 내용과 일치하면 O, 일치하지 않으면 X를 표시하세요.

A: 你在干嘛呢?

Nǐ zài gànma ne?

B: 我正在洗衣服,你呢?

Wǒ zhèngzài xǐ yīfu, nǐ ne?

A: 我正在刷碗,我在想你。吃晚饭了吗?

Wǒ zhèngzài shuā wǎn, wǒ zài xiǎng nǐ. Chī wǎnfàn le ma?

B: 刚吃完,爸爸做了晚饭。爸爸做的饭最好吃。

Gāng chī wán, bàba zuò le wǎn fàn. Bàba zuò de fàn zuì hǎochī.

A: 叔叔的手艺肯定很好。我也想尝尝。

Shūshu de shǒuyì kěndìng hěn hǎo. Wǒ yě xiǎng chángchang.

B: 改天来我家做客吧。

Gǎitiān lái wǒ jiā zuò kè ba.

A: 好的,一定去。

Hǎode, yídìng qù.

* 叔叔: '숙부', '아저씨'란 의미로, 여기서는 상대방의 아버지를 지칭

---

(1) A는 설거지를 하고 있다.   (　　　　)

(2) B는 밥을 먹고 있다.   (　　　　)

(3) A는 B를 그리워한다.   (　　　　)

(4) B는 어머니가 한 밥을 좋아한다.   (　　　　)

 **쓰기** 연습

주어진 단어를 순서에 맞게 배열하세요.

1 저는 방 청소를 하고 있어요.

正在 / 房间 / 我 / 打扫

➡ _____

2 저녁 식사 했나요?

晚 / 吃 / 吗 / 饭 / 了

➡ _____

3 어머니가 지금 밥을 하고 계세요.

正在 / 妈妈 / 饭 / 做 / 呢

➡ _____

4 이모 솜씨가 틀림없이 좋을 것 같아요.

很 / 阿姨 / 肯定 / 的 / 手艺 / 好

➡ _____

5 저의 어머니의 밥은 정말 맛있어요.

饭 / 妈妈 / 我 / 做的 / 很 / 好吃

➡ _____

我们一起去旅行吧。

Wǒmen yìqǐ qù lǚxíng ba.

우리 함께 여행 가요.

여행

요즘 중국에서는 휴가 때 여행을 즐기는 사람들이 많아지고 있습니다. 국가에서도 연휴 기간에 통행료를 할인해 주거나 숙박, 음식 등에 각종 할인 혜택을 주어 여행을 장려합니다. 중국의 유명 도시로는 북경, 상해, 심천, 운남, 쑤저우, 항저우 등이 있습니다. 중국말에 '上有天堂, 下有苏杭 Shàng yǒu tiāntáng, xià yǒu sūháng'(위에는 천당이 있고, 아래에는 쑤저우와 항저우가 있다)라는 말이 있을 정도로 두 도시의 풍경은 매우 아름답습니다.

대화를 듣고 큰 소리로 따라 읽어 보세요.

金辉　好久不见！
Hǎojiǔ bújiàn!

李花　好久不见，最近工作忙吗？
Hǎojiǔ bújiàn, zuìjìn gōngzuò máng ma?

金辉　工作非常忙，累死了。
Gōngzuò fēicháng máng, lèi sǐle.

李花　谈恋爱也忙吧。
Tán liànài yě máng ba.

金辉　托你的福，谢谢你的介绍。
Tuō nǐ de fú, xièxie nǐ de jièshào.

李花　不用客气。周末我们一起去吃饭吧。
Búyòng kèqì. Zhōumò wǒmen yìqǐ qù chīfàn ba.

金辉　好的，我打电话问问。
Hǎode, wǒ dǎ diànhuà wènwen.

李花　行，改天我们一起去旅行吧。
Xíng, gǎitiān wǒmen yìqǐ qù lǚxíng ba.

金辉　好主意，我们冬天去长白山看天池吧。
Hǎo zhǔyì, wǒmen dōngtiān qù Chǎngbáishān kàn tiānchí ba.

李花　挺好的，正好可以看雪景。
Tǐng hǎode, zhènghǎo kěyǐ kàn xuějǐng.

김휘   오랜만이야!

리화   오랜만이야, 요즘 일이 바빠?

김휘   일이 매우 바빠, 힘들어 죽겠어.

리화   연애도 바쁘겠지.

김휘   네 덕이지, 소개시켜 줘서 고마워.

리화   천만에. 주말에 우리 같이 밥 먹으러 가자.

김휘   좋아, 내가 전화해서 한번 물어볼게.

리화   그래, 다음에 우리 같이 여행 가자.

김휘   좋은 생각이야, 우리 겨울에 장백산에 가서 천지 보자.

리화   너무 좋아, 마침 설경도 볼 수 있어.

새단어

□ **最近** zuìjìn 명 최근	□ **介绍** jièshào 동 소개하다
□ **累** lèi 형 피곤하다, 힘들다	□ **旅行** lǚxíng 명동 여행(하다)
□ **死了** sǐle 형 ~해 죽겠다	□ **正好** zhènghǎo 형 딱 좋다 부 마침
□ **谈恋爱** tán liànài 동 사랑을 속삭이다, 연애하다	□ **冬天** dōngtiān 명 겨울
□ **托** tuō 동 덕을 입다	□ **雪景** xuějǐng 명 설경

1 好久不见! 오랜만입니다!

好久不见! (Hǎojiǔ bújiàn!)은 '오랫동안'이라는 뜻의 好久(hǎojiǔ)와 '만나지 않았다'라는 뜻의 不见(bújiàn)이 결합된 표현으로, '오랜만입니다!'라는 뜻입니다.

2 ~死了。 ~해 죽겠어요.

형용사 뒤에 死了(sǐle)를 붙이면 '~해 죽겠다'라는 표현입니다.

A: 怎么样? Zěnmeyàng? 어때?

B: 累死了。 Lèi sǐle. 피곤해 죽겠어.

忙	辣	困
máng	là	kùn
바쁘다	맵다	졸리다

형용사 뒤에 极了(jíle)를 붙이면 '아주/매우 ~하다'라는 표현입니다.

A: 怎么样? Zěnmeyàng? 어때?

B: 好极了。 Hǎo jíle. 아주 좋아.

棒	漂亮	高兴
bàng	piàoliang	gāoxìng
좋다, 훌륭하다	예쁘다	기쁘다

3 行。 그래요/좋아요.

상대방의 제안이나 의견을 수락/동의할 때는 行(xíng)이나 好(hǎo)라고 답하고, 거절할 때는 不行(bùxíng)이라고 합니다.

A: 周末你来吃饭吧。 Zhōumò nǐ lái chī fàn ba. 주말에 와서 밥 먹어요.

B: 行/不行。 Xíng/Bùxíng. 좋아요/싫어요(안 돼요).

1 연동문

주어 하나에 동사가 두 개 이상 나오는 문장을 '연동문'이라고 합니다. 동사는 동작이 일어나는 순서대로 쓰며, 동사의 관계는 수단과 방법이 될 수도 있고 목적이 될 수도 있습니다.

> 주어 + **동사1** (+ 목적어) + 동사2 (+ 목적어) : 동사1로 동사2한다
>   수단, 방법
>
> 주어 + 동사1 (+ 목적어) + **동사2** (+ 목적어) : 동사2하러 동사1한다
>   목적

● **수단, 방법**

- 他们坐车来我家。 그들은 차를 타고 우리 집에 옵니다.

  Tāmen zuò chē lái wǒ jiā.

- 明天我坐飞机去北京。 내일 저는 비행기를 타고 북경으로 갑니다.

  Míngtiān wǒ zuò fēijī qù Běijīng.

● **목적**

- 我明天去北京工作。 저는 내일 일하러 북경에 갑니다.

  Wǒ míngtiān qù Běijīng gōngzuò.

- 我们一起去逛商店吧。 우리 함께 쇼핑하러 갑시다.

  Wǒmen yìqǐ qù guàng shāngdiàn ba.

2 不의 성조 변화

不는 동사나 형용사를 부정할 때 씁니다. 不의 발음은 제4성(bù)이지만, 不 뒤에 제4성이 오면 제2성(bú)으로 발음합니다.

- 不好 bù hǎo 좋지 않다
- 不对 bú duì 틀리다

- 不喜欢 bù xǐhuan 싫어하다
- 不是 bú shì 아니다

1 빈칸에 알맞은 단어를 고르세요.

(1) 我们一起（　　）吃饭吧。

    ⓐ 去　　　ⓑ 谈　　　ⓒ 走　　　ⓓ 来

(2) 我去超市（　　）苹果。

    ⓐ 一斤　　ⓑ 买　　　ⓒ 没　　　ⓓ 有

(3) 我打电话（　　）。

    ⓐ 尝尝　　ⓑ 问问　　ⓒ 听听　　ⓓ 写写

(4) 累（　　）了。

    ⓐ 忙　　　ⓑ 死　　　ⓒ 好　　　ⓓ 活

2 다음 문장이 맞는지 확인하고, 틀린 부분은 바르게 고치세요.

(1) 她棒死了。（　　）

➡ _____

(2) 他们一起去吃饭。（　　）

➡ _____

(3) 我们累死了。（　　）

➡ _____

(4) 他买东西去超市。（　　）

➡ _____

1 MP3 파일을 듣고 일치하는 발음을 고르세요. 🎧 09-2

(1) _____   (2) _____   (3) _____   (4) _____   (5) _____

ⓐ 最近   ⓑ 近期   ⓒ 累   ⓓ 忙

ⓔ 死了   ⓕ 极了   ⓖ 谈恋爱   ⓗ 爱情

ⓘ 冬天   ⓙ 雪景   ⓚ 介绍   ⓛ 朋友

2 MP3 파일을 듣고 내용과 일치하는 그림을 고르세요. 🎧 09-3

(1) _____   (2) _____   (3) _____   (4) _____

ⓐ

ⓑ

ⓒ

ⓓ

다음 대화를 읽고 내용과 일치하면 O, 일치하지 않으면 X를 표시하세요.

A: 好久不见！
Hǎojiǔ bújiàn!

B: 好久不见，最近工作忙吗？
Hǎojiǔ bújiàn, zuìjìn gōngzuò máng ma?

A: 工作非常忙，累死了。
Gōngzuò fēicháng máng, lèi sǐle.

B: 学习也累吧。
Xuéxí yě lèi ba.

A: 还行，谢谢你给我介绍好老师。
Háixíng, xièxie nǐ gěi wǒ jièshào hǎo lǎoshī.

B: 不用客气。周末我们三个人一起去吃饭吧。
Búyòng kèqì. Zhōumò wǒmen sāngè rén yìqǐ qù chīfàn ba.

A: 好的，我打电话问问。
Hǎode, wǒ dǎdiàn huà wènwen.

B: 行，不过她去长白山看雪景了吧。
Xíng, búguò tā qù Chángbáishān kàn xuějǐng le ba.

A: 是吗？我们两吃吧。
Shìma? Wǒmen liǎng chī ba.

(1) A는 일이 많아 힘들다고 한다.　　　　　　　　(　　　　)

(2) A는 일도 하고 공부도 한다.　　　　　　　　　(　　　　)

(3) 두 사람은 지금 함께 식사하러 갈 것이다.　　　(　　　　)

(4) 두 사람은 윈난 여행을 할 것이다.　　　　　　(　　　　)

 **쓰기 연습**

주어진 단어를 순서에 맞게 배열하세요.

1 오랜만이야, 요즘 일이 바빠?

不见 / 工作 / 忙 / 好久 / 最近 / 吗

➡ _____

2 일이 매우 바빠, 힘들어 죽겠어.

非常 / 工作 / 累 / 忙 / 死了

➡ _____

3 연애도 바쁘겠지.

也 / 吧 / 忙 / 谈恋爱

➡ _____

4 주말에 우리 같이 밥 먹으러 가자.

一起 / 吧 / 吃 / 去 / 周末 / 我们 / 饭

➡ _____

5 우리 다음에 같이 여행 가자.

我们 / 改天 / 去 / 旅行 / 一起 / 吧

➡ _____

北京比上海大。

Běijīng bǐ Shànghǎi dà.

북경은 상해보다 커요.

알면 도움되는 중국 문화 春

중국의 주요 도시

중국에는 34개의 성급 행정구역이 있는데, 23개의 성과 4개의 직할시, 5개의 자치구, 2개의 특별행정구로 되어 있습니다. 중국은 도시별로 등급을 나누고 있으며, 중국의 4대 일선도시는 북경, 상해, 광저우, 심천입니다. 일선도시는 정치, 경제 등에서 중요한 위치에 있고 주도적인 역할을 하는 대도시를 말합니다. 북경은 중국의 수도로서 문화의 중심이며, 상해는 중국 경제의 핵심 도시이며, 魔都 módōu라고도 합니다. 광저우는 국제 상업 무역과 교통의 중심이며, 심천은 홍콩, 마카오와 인접해 있는 경제 중심의 국제화 도시입니다.

대화를 듣고 큰 소리로 따라 읽어 보세요.

金辉 我明天要去上海。
Wǒ míngtiān yào qù Shànghǎi.

王英 去上海要做什么？
Qù Shànghǎi yào zuò shénme?

金辉 我要参加会议。
Wǒ yào cānjiā huìyì.

王英 有人送你吗？
Yǒu rén sòng nǐ ma?

金辉 公司的司机会送我到机场。
Gōngsī de sījī huì sòng wǒ dào jīchǎng.

王英 上海比北京大吗？
Shànghǎi bǐ Běijīng dà ma?

金辉 北京比上海大。
Běijīng bǐ Shànghǎi dà.

王英 最近上海比北京暖和吧。
Zuìjìn Shànghǎi bǐ Běijīng nuǎnhuo ba.

金辉 是的。
Shìde.

王英 我也想去上海。
Wǒ yě xiǎng qù Shànghǎi.

김휘   저는 내일 상해에 가야 해요.

왕영   상해에 무슨 일로 가나요?

김휘   회의에 참석해야 해요.

왕영   배웅하는 사람이 있나요?

김휘   회사 기사분이 공항까지 배웅해 주실 거예요.

왕영   상해는 북경보다 크나요?

김휘   북경이 상해보다 커요.

왕영   요즘 상해는 북경보다 따뜻할 거예요.

김휘   네.

왕영   저도 상해에 가고 싶어요.

□ 要 yào 조동 ~해야 한다	□ 司机 sījī 명 기사
□ 上海 Shànghǎi 명 상해	□ 机场 jīchǎng 명 비행장, 공항
□ 参加 cānjiā 동 참가하다	□ 比 bǐ 개 ~보다, ~에 비하여
□ 送 sòng 동 보내다, 배웅하다	□ 北京 Běijīng 명 북경
□ 公司 gōngsī 명 회사	□ 暖和 nuǎnhuo 형 따뜻하다

1 我明天要去上海。 저는 내일 상해에 가야 해요.

조동사 要(yào)는 동사 앞에 쓰여 '~해야 한다'라는 의미를 나타냅니다.

A: 你要做什么？ 당신은 무엇을 해야 합니까?

　Nǐ yào zuò shénme?

B: 我要做饭。 저는 밥을 해야 합니다.

　Wǒ yào zuò fàn.

做作业	打扫房间	做运动
zuò zuòyè	dǎsǎo fángjiān	zuò yùndòng
숙제를 하다	방 청소를 하다	운동을 하다

• 时间太晚了，我要回家。 시간이 너무 늦었습니다. 저는 집으로 돌아가야 합니다.

　Shíjiān tài wǎn le, wǒ yào huí jiā.

上班	下班	学习
shàngbān	xiàbān	xuéxí
출근하다	퇴근하다	학습하다, 공부하다

2 北京比上海大。 북경이 상해보다 커요.

'A가 B보다 ~하다'는 'A + 比 + B + 형용사' 형식으로 표현합니다.

• 你比我大吗？ Nǐ bǐ wǒ dà ma? 당신은 나보다 큽니까?

小	胖	瘦
xiǎo	pàng	shòu
작다	뚱뚱하다	날씬하다

1 비교문

비교문은 '比자문'이라고도 하며, 두 대상의 성질을 비교하여 말하는 문장입니다. 비교하는 두 대상 사이에 '~보다'에 해당하는 比(bǐ)자를 넣어 말하며 술어 자리에는 형용사가 옵니다.

A	+	比	+	B	+	형용사
주어				비교의 대상		술어
我		比		她		矮。
Wǒ		bǐ		tā		ǎi.
나는		~보다		그녀		(키가) 작다

비교문에서 두 대상, 즉 比자 앞과 뒤의 단어(또는 구)는 같은 성질이어야 합니다.

- 我比她高。 저는 그녀보다 키가 큽니다.

  Wǒ bǐ tā gāo.

- 这个建筑物比那个建筑物高。 이 건물은 저 건물보다 높습니다.

  Zhège jiànzhùwù bǐ nàge jiànzhùwù gāo.

술어(형용사) 앞에 '더'라는 뜻의 정도부사 更(gèng), 还(hái), 还要(hái yào)를 써서 의미를 강조할 수 있습니다.

- 飞机比火车更快。 비행기는 기차보다 더 빠릅니다.

  Fēijī bǐ huǒchē gèng kuài.

1 빈칸에 알맞은 단어를 고르세요.

(1) 我（　　）买书。

     ⓐ 比　　　　　ⓑ 要　　　　　ⓒ 换　　　　　ⓓ 借

(2) 她比我更（　　）。

     ⓐ 瘦　　　　　ⓑ 爱　　　　　ⓒ 还胖　　　　ⓓ 吃

(3) 北京比（　　）大。

     ⓐ 上海　　　　ⓑ 东城区　　　ⓒ 中国　　　　ⓓ 冬天

(4) 火车比（　　）慢。

     ⓐ 城市　　　　ⓑ 汽车　　　　ⓒ 坐飞机　　　ⓓ 飞机

2 다음 단어를 사용하여 비교문을 만드세요. (단어 중복 사용 있음)

(1) 我，她，高

➡ _____

(2) 这个书，那个书，厚

➡ _____

(3) 哥哥，姐姐，胖

➡ _____

(4) 我们，他们，家，更，好

➡ _____

1 MP3 파일을 듣고 일치하는 발음을 고르세요. 🎧 10-2

(1) ⓐ 不要 ⓑ 要不要

(2) ⓐ 上海 ⓑ 北京

(3) ⓐ 送 ⓑ 接

(4) ⓐ 公司 ⓑ 司机

(5) ⓐ 比 ⓑ 比较

2 MP3 파일을 듣고 내용과 일치하는 그림을 고르세요. 🎧 10-3

(1) _____ (2) _____ (3) _____ (4) _____

ⓐ

ⓑ

ⓒ

ⓓ

다음 대화를 읽고 내용과 일치하면 O, 일치하지 않으면 X를 표시하세요.

A: 我明天要去北京。 Wǒ míngtiān yào qù Běijīng.

B: 去北京要做什么？ Qù Běijīng yào zuò shénme?

A: 我要参加婚礼。 Wǒ yào cānjiā hūnlǐ.

B: 有人送你吗？ Yǒu rén sòng nǐ ma?

A: 爸爸会送我到机场。 Bàba huì sòng wǒ dào jīchǎng.

B: 北京比深圳大吗？ Běijīng bǐ Shēnzhèn dà ma?

A: 北京比深圳大。 Běijīng bǐ Shēnzhèn dà.

B: 北京比深圳冷吧。 Běijīng bǐ Shēnzhèn lěng ba.

A: 是的。 Shìde.

B: 我也想去北京。 Wǒ yě xiǎng qù Běijīng.

---

(1) A는 심천에 갈 것이다.　　　　　　　(　　　)

(2) 북경은 심천보다 따뜻하다.　　　　　　(　　　)

(3) A는 결혼식에 참석하려고 한다.　　　　(　　　)

(4) 북경은 심천보다 크다.　　　　　　　　(　　　)

 **쓰기 연습**

주어진 단어를 순서에 맞게 배열하세요.

1 당신은 상해에 가서 무엇을 하려고 합니까?

要 / 做 / 你 / 去 / 什么 / 上海

➡ _____

2 회사 기사분이 저를 공항까지 배웅해 주실 겁니다.

送 / 司机 / 会 / 我 / 公司的 / 到 / 机场

➡ _____

3 북경은 상해보다 큽니다.

上海 / 北京 / 比 / 大

➡ _____

4 요즘 상해는 북경보다 따뜻하죠.

上海 / 暖和 / 最近 / 比 / 北京 / 吧

➡ _____

5 저도 상해에 가고 싶습니다.

也 / 去 / 我 / 想 / 上海

➡ _____

您把护照给我。

Nín bǎ hùzhào gěi wǒ.

여권을 저한테 주세요.

알면 도움되는 **중국 문화** 春

교통

중국은 영토가 넓어서 북방에서 남방으로 이동하려면 비행기로 반나절을 가거나 기차로 3~4일을 가야 하는 경우가 많습니다. 그런데 최근 몇 년 사이에 고속철도가 개통되면서 이동이 편리해졌습니다. 몇 년 전까지만 해도 도시의 주요 교통 수단은 자전거와 오토바이였지만 자동차 보급률이 급격히 증가하면서 가정당 차한 대는 필수이고, 2~3대 있는 가정도 많아졌습니다. 대도시에서는 교통 체증을 막기 위해 요일별로 차량 운행을 제한하고 있습니다.

대화를 듣고 큰 소리로 따라 읽어 보세요.

金辉　　　　　　您好！
　　　　　　　　Nín hǎo!

机场工作人员　　您好，您把护照给我。
　　　　　　　　Nín hǎo, nín bǎ hùzhào gěi wǒ.

金辉　　　　　　好的。
　　　　　　　　Hǎode.

机场工作人员　　行李需要托运吗？
　　　　　　　　Xínglǐ xūyào tuōyùn ma?

金辉　　　　　　是的，两个行李都需要托运。
　　　　　　　　Shìde, liǎnggè xíngli dōu xūyào tuōyùn.

机场工作人员　　您把行李放上面。
　　　　　　　　Nín bǎ xíngli fàng shàngmiàn.

　　　　　　　　里面有危险物品吗？
　　　　　　　　Lǐmiàn yǒu wēixiǎn wùpǐn ma?

金辉　　　　　　没有。超重了吗？
　　　　　　　　Méiyǒu. Chāozhòng le ma?

机场工作人员　　没有，这是您的护照和登机牌。
　　　　　　　　Méiyǒu, zhèshì nín de hùzhào hé dēngjīpái.

金辉　　　　　　谢谢。
　　　　　　　　Xièxie.

机场工作人员　　祝你旅途愉快。
　　　　　　　　Zhù nǐ lǚtú yúkuài.

김휘	안녕하세요.
공항직원	안녕하세요, 여권을 저한테 주십시오.
김휘	네.
공항직원	짐은 탁송하실 건가요?
김휘	네, 두 개의 짐을 모두 탁송하려고 합니다.
공항직원	짐을 위에 올려 놓으세요. 안에 위험한 물건이 있나요?
김휘	없습니다. 무게가 초과되었나요?
공항직원	아니요, 여기 여권과 탑승권입니다.
김휘	감사합니다.
공항직원	즐거운 여행 하시길 바랍니다.

새단어

□ 护照 hùzhào 명 여권	□ 面 miàn 접미 쪽, 측, 면
□ 行李 xínglǐ 명 여행 짐	□ 里面 lǐmiàn 명 안, 내부
□ 需要 xūyào 동 요구되다, 필요로 하다	□ 危险 wēixiǎn 명·형 위험(하다)
□ 托运 tuōyùn 동 운송을 위탁하다, 탁송하다	□ 超重 chāozhòng 동 중량을 초과하다
□ 放 fàng 동 두다, 놓다	□ 登机牌 dēngjīpái 명 탑승권

1 行李需要托运吗? 짐은 탁송하실 건가요?

需要(xūyào)는 '요구되다', '필요로 하다'라는 뜻으로, '주어 + 需要 + 동사' 형태로 쓰면 '(주어)는 ~될 필요가 있다'라는 의미가 됩니다.

- 行李需要托运吗？ 짐은 탁송될 필요가 있나요?(짐을 탁송하실 건가요?)

  Xínglǐ xūyào tuōyùn ma?

- 你需要帮助吗？ 당신은 도움을 필요로 하나요?(도움이 필요한가요?)

  Nǐ xūyào bāngzhù ma?

2 里面有危险物品吗? 안에 위험한 물건이 있나요?

上(shàng), 下(xià), 外(wài), 里(lǐ) 등의 명사 뒤에 '방면', '쪽'이란 뜻의 面(miàn)을 붙이면 방위사가 됩니다. 面 대신 边(biān)을 쓰기도 하는데 面은 문어, 边은 구어에서 많이 씁니다.

A: 里面有危险物品吗？ 안에 위험한 물건이 있나요?

  Lǐmiàn yǒu wēixiǎn wùpǐn ma?

B: (没)有。 (Méi) Yǒu. 있습니다.(없습니다.)

3 祝你旅途愉快。 즐거운 여행 하시길 바랍니다.

덕담이나 축하의 말을 전할 때 祝你(zhù nǐ) 뒤에 기원하는 내용을 씁니다.

A: 祝你旅途愉快。 Zhù nǐ lǚtú yúkuài. 즐거운 여행 하시길 바랍니다.

B: 谢谢。 Xièxie. 감사합니다.

生日快乐	新婚快乐	新年快乐
shēngrìkuàilè	xīnhūnkuàilè	xīnniánkuàilè
생일 축하합니다	즐거운 신혼 생활 하시길 바랍니다	새해 복 많이 받으세요

1 把자문

把(bǎ)자문은 술어와 목적어의 순서를 바꾸어 목적어를 어떻게 처리했는지를 강조하는 문장입니다.

주어	+	把	+	목적어 (처리되는 사물)	+	술어 (처리 방법 또는 결과)

- 她吃了苹果。　　*vs.*　她把苹果吃掉了。

  Tā chī le píngguǒ.　　　　　Tā bǎ píngguǒ chīdiào le.

  그녀는 사과를 먹었습니다.　　　그녀는 사과를 먹어 버렸습니다. (먹었다는 것을 강조)

부정문의 경우, 부정부사는 반드시 把의 앞에 씁니다.

- 她没把苹果吃掉。 Tā méi bǎ píngguǒ chīdiào.　그녀는 사과를 먹어 버리지 못했습니다.
- 我没把花瓶打碎。 Wǒ méi bǎ huāpíng dǎsuì.　저는 꽃병을 깨지 않았습니다.

2 방위사

방향이나 위치를 나타내는 명사를 방위사라고 합니다.

上面(边) shàngmiàn (biān) 위쪽	前面(边) qiánmiàn (biān) 앞쪽	里面(边) lǐmiàn (biān) 안쪽
下面(边) xiàmiàn (biān) 아래쪽	后面(边) hòumiàn (biān) 뒤쪽	外面(边) wàimiàn (biān) 바깥쪽

- 沙发上面 shāfā shàngmiàn　소파 위
- 桌子下面 zhuōzi xiàmiàn　의자 아래

1 다음 동사를 알맞은 자리에 넣어 문장을 완성하세요.

(1) 送 : 爸爸把东西到学校。

➡ _____

(2) 搬 : 请把桌子到走廊。

➡ _____

(3) 放 : 请把行李上面。

➡ _____

(4) 交 : 请把作业给老师。

➡ _____

2 아래 문장을 把자문으로 쓰세요.

(1) 我交钱了。

➡ _____

(2) 她喝完了茶。

➡ _____

(3) 你翻译这句话。

➡ _____

1 MP3 파일을 듣고 일치하는 발음을 고르세요.　　🎧 11-2

(1) ⓐ 面　　　　　ⓑ 里面

(2) ⓐ 机场　　　　ⓑ 登机牌

(3) ⓐ 物品　　　　ⓑ 护照

(4) ⓐ 超重　　　　ⓑ 超载

(5) ⓐ 托运　　　　ⓑ 放下

2 MP3 파일을 듣고 내용과 일치하는 그림을 고르세요.　　🎧 11-3

(1) _____　(2) _____　(3) _____　(4) _____

ⓐ 　　　　ⓑ

ⓒ 　　　　ⓓ

다음 대화를 읽고 내용과 일치하면 O, 일치하지 않으면 X를 표시하세요.

金辉	您好！Nín hǎo!
机场工作人员	您好，您把护照给我。 Nín hǎo, nín bǎ hùzhào gěi wǒ.
金辉	好的。Hǎode.
机场工作人员	行李需要托运吗？ Xíngli xūyào tuōyùn ma?
金辉	不用，我自己拿。 Búyòng, wǒ zìjǐ ná.
机场工作人员	好的，您把行李放上面。行李多大呢？ Hǎode, nín bǎ xíngli fàng shàngmiàn. Xíngli duō dà ne?
金辉	小包。Xiǎobāo.
机场工作人员	好的，可以。这是您的护照和登机牌。 Hǎode, kěyǐ. Zhèshì nínde hùzhào hé dēngjīpái.
金辉	谢谢。Xièxie.
机场工作人员	祝您旅途愉快。Zhù nín lǚtú yúkuài.

(1) 김휘는 두 개의 짐을 탁송하려고 한다.　　　　　　(　　　)

(2) 공항 직원은 김휘의 여권을 확인했다.　　　　　　(　　　)

(3) 김휘는 큰 가방을 가지고 있다.　　　　　　　　(　　　)

(4) 공항 직원은 김휘에게 생일 축하 인사를 했다.　　(　　　)

주어진 단어를 순서에 맞게 배열하세요.

1 당신의 여권을 저한테 주십시오.

护照 / 我 / 把 / 给 / 您

➡ _____

2 당신의 짐을 위에 올려 놓으십시오.

行李 / 上面 / 您 / 把 / 放

➡ _____

3 안에 위험한 물건이 있습니까?

物品 / 里面 / 危险 / 有 / 吗

➡ _____

4 여기 당신의 여권과 탑승권입니다.

护照 / 您 / 的 / 和 / 这是 / 登机牌

➡ _____

5 즐거운 여행 하시길 바랍니다.

旅途 / 你 / 祝 / 愉快

➡ _____

12

祝你们新婚快乐。

Zhù nǐ men xīn hūn kuài lè.

즐거운 신혼 생활 보내세요.

결혼식

중국은 56개 민족이 함께 사는 나라이며 각 민족은 그들 자신의 전통 문화를 보존하고 지켜가고 있습니다. 결혼식도 각 민족마다 특징이 있는데, 그 중 한족의 결혼식은 결혼식 날에 신랑이 신부 집에 가서 신부 부모님께 인사를 한 후 신부를 데리고 결혼식장으로 가 양가 부모님과 친척들을 모시고 식을 올립니다. 결혼식에서 제일 많이 사용하는 색은 빨간색으로, 신랑 신부의 복장부터 결혼식장의 장식까지 거의 대부분이 빨간색입니다. 중국에서 빨간색은 기쁨, 좋은 일, 즐거운 분위기를 의미합니다.

대화를 듣고 큰 소리로 따라 읽어 보세요.

今天是王英和金辉的大喜日子。
Jīntiān shì Wáng Yīng hé Jīn Huī de dàxǐ rìzi.

礼堂被大家布置得很漂亮。
Lǐtáng bèi dàjiā bùzhì de hěn piàoliang.

他们收到了亲朋好友们的祝福。
Tāmen shōudào le qīnpénghǎoyǒu men de zhùfú.

朋友   恭喜恭喜。
         Gōngxǐ gōngxǐ.

         祝你们新婚快乐，百年好合。
         Zhù nǐmen xīnhūnkuàilè, bǎiniánhǎohé.

         祝你们白头偕老。
         Zhù nǐmen báitóuxiélǎo.

金辉，王英   谢谢。
         Xièxie.

他们一起牵手走进了婚姻殿堂。
Tāmen yìqǐ qiānshǒu zǒujìn le hūnyīn diàntáng.

· 해석 ·

오늘은 왕영과 김휘의 결혼식 날입니다.

식장은 여러 사람들에 의해 아주 예쁘게 장식되었습니다.

그들은 친척친구들의 축복을 받았습니다.

친구	축하해요.
	즐거운 신혼 생활 하고, 평생 화목하길 바랄게요.
	두 사람 백년해로하세요.
김휘, 왕영	고마워요.

그들은 함께 손을 잡고 결혼식장으로 걸어 들어갔습니다.

· 새단어 ·

大喜 dàxǐ 명 대단히 기쁜 일, 결혼	快乐 kuàilè 형 즐겁다
礼堂 lǐtáng 명 강당, 식장	百年 bǎinián 명 백 년, 일생
布置 bùzhì 동 배치하다, 꾸미다, 장식하다	偕老 xiélǎo 동 해로하다
祝福 zhùfú 명·동 축복(하다)	牵手 qiānshǒu 동 손을 잡다
恭喜 gōngxǐ 축하하다	婚姻 hūnyīn 명 혼인, 결혼
新婚 xīnhūn 명 신혼	殿堂 diàntáng 명 전당

1 金辉的大喜日子。 김휘의 결혼식 날입니다.

● 경사

婚姻 hūnyīn 결혼	周岁宴 zhōusuìyàn 돌잔치	花甲宴 huājiǎyàn 환갑잔치
寿宴 shòuyàn 수연	古稀宴 gǔxīyàn 고희연	生日 shēngrì 생일

2 祝你们新婚快乐。 즐거운 신혼 생활 하기를 바랍니다.

A: 祝你们新婚快乐。 즐거운 신혼 생활 하기를 바랍니다.
   Zhù nǐmen xīnhūnkuàilè.

B: 谢谢。 감사합니다.
   Xièxie.

● 덕담 표현

百年好合。 Bǎiniánhǎohé. 평생 화목하세요.	白头偕老。 Báitóuxiélǎo. 백년해로하세요.	寿比南山。 Shòubǐnánshān. 오래오래 사세요.

어법

1 被자문

被(bèi)는 '~에 의해 …당하다'라는 뜻으로, 被자문은 주어가 '~에 의해' 동작을 '당하다'는 의미의 피동문을 말합니다. 被 뒤에 '행위의 주체 + 동사'가 오며, 행위의 주체는 생략되기도 합니다.

주어 + 被 + 행위의 주체 + 술어

능동문	피동문
妈妈骂了我一顿。 Māma mà le wǒ yídùn. 어머니는 저를 한바탕 욕하셨습니다.	我被妈妈骂了一顿。 Wǒ bèi māma mà le yídùn. 저는 어머니께 한바탕 욕을 먹었습니다.
她吃掉了苹果。 Tā chī diào le píngguǒ. 그녀는 사과를 먹었습니다.	苹果被她吃掉了。 Píngguǒ bèi tā chī diào le. 사과는 그녀가 먹었습니다.
爸爸骑走了自行车。 Bàba qí zǒu le zìxíngchē. 아버지는 자전거를 타고 갔습니다.	自行车被爸爸骑走了。 Zìxíngchē bèi bàba qí zǒu le. 자전거는 아버지가 타고 갔습니다.

● **부정문** : 被 앞에 부정부사 没(méi)를 씁니다.

· 东西没被小偷偷走。 물건은 도둑맞지 않았습니다.
　Dōngxī méi bèi xiǎotōu tōu zǒu.

· 书没被金辉拿走。 책은 김휘가 가져가지 않았습니다.
　Shū méi bèi Jīn Huī ná zǒu.

● **의문문** : 被자문 뒤에 吗를 씁니다.

· 花瓶被你打碎了吗? 꽃병은 당신에 의해서 깨졌습니까?
　Huāpíng bèi nǐ dǎsuì le ma?

· 你被爸爸骂了吗? 너는 아버지한테 욕을 먹었니?
　Nǐ bèi bàba mà le ma?

1 빈칸에 알맞은 단어를 골라 쓰세요.

> 恭喜　新婚　大喜　百年　偕老　祝福

今天是王英和金辉的(　　　)日子。
礼堂被大家布置得很漂亮。
他们收到了亲朋好友们的(　　　)。

朋友　　　(　　　)恭喜。
　　　　　祝你们(　　　)快乐，(　　　)好合。
　　　　　祝你们白头(　　　)。

金辉，王英　谢谢。

他们一起牵手走进了婚姻殿堂。

2 다음 단어를 사용하여 피동문 형식으로 쓰세요.

(1) 苹果，　妹妹，　吃掉

➡ _____

(2) 鞋，　我，　踩坏

➡ _____

(3) 衣服，　我，　洗干净

➡ _____

(4) 花瓶，　她，　打碎

➡ _____

1 MP3 파일을 듣고 일치하는 발음을 고르세요. 🎧 12-2

(1) ⓐ 愉快　　　　ⓑ 快乐

(2) ⓐ 礼堂　　　　ⓑ 殿堂

(3) ⓐ 祝福　　　　ⓑ 恭喜

(4) ⓐ 牵手　　　　ⓑ 布置

(5) ⓐ 婚姻　　　　ⓑ 婚礼

2 MP3 파일을 듣고 내용과 일치하는 그림을 고르세요. 🎧 12-3

(1) _____　(2) _____　(3) _____　(4) _____

ⓐ

ⓑ

ⓒ

ⓓ

다음 대화를 읽고 내용과 일치하면 O, 일치하지 않으면 X를 표시하세요.

今天是王英和金辉的结婚纪念日。
Jīntiān shì Wáng Yīng hé Jīn Huī de jiéhūn jìniànrì.

餐厅被朋友们布置得很漂亮。
Cāntīng bèi péngyǒu men bùzhì de hěn piàoliang.

他们收到了亲朋好友们的祝福。
Tāmen shōudào le qīnpénghǎoyǒu men de zhùfú.

朋友　　　祝贺祝贺。 Zhùhè zhùhè.

祝福你们结婚纪念日快乐。
Zhùfú nǐmen jiéhūn jìniànrì kuàilè.

祝你们白头偕老。
Zhù nǐmen báitóuxiélǎo.

金辉，王英　谢谢你们的祝福，我们很幸福。
Xièxie nǐmen de zhùfú, wǒmen hěn xìngfú.

(1) 오늘은 왕영의 결혼기념일이다. 　　　　　(　　　)

(2) 레스토랑은 부모님이 장식했다. 　　　　　(　　　)

(3) 두 사람은 친척 친구들의 축하를 받고 행복해 했다. 　(　　　)

주어진 단어를 순서에 맞게 배열하세요.

1 오늘은 왕영과 김휘의 결혼식 날입니다.

金辉的 / 大喜日子 / 是 / 王英 / 今天 / 和

➡ _____

2 식장은 여러 사람들에 의해 아주 예쁘게 장식되었습니다.

很 / 布置 / 大家 / 被 / 得 / 礼堂 / 漂亮

➡ _____

3 그들은 친척 친구들의 축복을 받았습니다.

祝福 / 好友们 / 收到 / 了 / 亲朋 / 的 / 他们

➡ _____

4 즐거운 신혼 생활 하고, 평생 화목하길 바랍니다.

快乐 / 你们 / 好合 / 新婚 / 百年 / 祝

➡ _____

5 그들은 함께 손을 잡고 결혼식장으로 걸어 들어갔습니다.

牵手 / 了 / 他们 / 殿堂 / 一起 / 走进 / 婚姻

➡ _____

正答

정|답

- 문법 연습
- 듣기 연습
- 독해 연습
- 쓰기 연습

第1课

1

王英 : 早上好!
　　　좋은 아침입니다!

张才建 : (早上)好!
　　　좋은 아침입니다!

王英 : 我叫王英。您贵姓?
　　　저의 이름은 왕영입니다. 성함이 어떻게 되세요?

张才建 : 我(姓)张，(叫)张才建。
　　　저는 장씨이고, 장재건이라고 합니다.

王英 : (认识)你很高兴。
　　　당신을 알게 되어 매우 기쁩니다.

张才建 : 我(也)很高兴(认识)你。
　　　저도 당신을 알게 되어 매우 기쁩니다.

2

(1) (他) 叫金浩。 그는 김호라고 합니다.

(2) (她)叫宋英。 그녀는 송영이라고 합니다.

(3) (他们)是学生。 그들은 학생입니다.

(4) 我们(也)(都)参加。 우리도 모두 참가합니다.

듣기 연습

1 🎧 01-2

(1) ⓑ 你好　　(2) ⓑ 名字　　(3) ⓐ 早上

(4) ⓐ 认识　　(5) ⓑ 都

2 🎧 01-3

(1) ⓑ

你叫什么名字? / 我叫李娜。

당신의 이름은 무엇입니까? / 저는 리나라고 합니다.

(2) ⓐ

早上好! / 早上好!

좋은 아침입니다! / 좋은 아침입니다!

(3) ⓒ

您好。 / 你好。

안녕하세요 / 안녕하세요.

(4) ⓓ

晚上好! / 晚上好!

좋은 저녁입니다! / 좋은 저녁입니다!

독해 연습

A : 좋은 아침입니다!
B : 좋은 아침입니다!
A : 당신을 알게 되어 매우 기쁩니다.
B : 저도 매우 기쁩니다.
A : 당신의 이름은 무엇입니까?
B : 저는 한영이라고 합니다.

(1) (○)　　(2) (×)　　(3) (○)

쓰기 연습

1. 你好!

2. 您贵姓?

3. 认识你很高兴。

4. 晚上好!

5. 我叫王英。

第2课

문법 연습

1

金辉：明天晚上 有时间吗？
내일 저녁에 시간 있나요?

王英：今天(是)(几月)(几号)？
오늘이 몇 월 며칠이지요?

金辉：2月5号，星期天。
2월 5일, 일요일이에요.

王英：(是吗)？后天是春节。
그래요? 모레가 설날이네요.

金辉：是的，(明天)是除夕。
맞아요, 내일은 섣달 그믐날이에요.

王英：哦，我们(晚上)见。
네, 우리 저녁에 만나요.

2

(1) 今天(不是)星期五。
(2) 明天(是)星期二。
(3) (是吗)？春节快乐。

듣기 연습

1 🎧 02-2

(1) ⓑ 今天是星期日。오늘은 일요일입니다.
(2) ⓐ 今年是二零一九年。올해는 2019년입니다.
(3) ⓐ 明天是春节。내일은 설날입니다.
(4) ⓑ 前天是五月十七号。전날은 5월 17일입니다.

2 🎧 02-3

(1) ⓓ
今天是二零一八年 8月8日。
오늘은 2018년 8월 8일입니다.

(2) ⓒ
今年是二零一九年。올해는 2019년입니다.

(3) ⓐ
明天是春节。내일은 설날입니다.

(4) ⓑ
今天是10月2日。오늘은 10월 2일입니다.

독해 연습

A : 내일은 몇 월 며칠입니까?
B : 내일은 2월 5일입니다.
A : 내일은 무슨 요일입니까?
B : 금요일입니다.
A : 내일은 설날이군요.
B : 맞습니다.

(1) (×)　(2) (○)　(3) (○)　(4) (×)

쓰기 연습

1. 明天是几月几号？
2. 后天是星期几？
3. 12月5号是星期天。
4. 今天是二零二零年7月4号。
5. 我们明天早上见。

第3课

문법 연습

1

(1) ⓐ

你有几(杯)水？ 당신은 몇 컵의 물이 있습니까?

(2) ⓑ

她们家有几(口)人。

그녀의 집에는 몇 명의 식구가 있습니까?

(3) ⓒ

你有几(本)书？ 당신은 몇 권의 책이 있습니까?

2

(1) 你是医生吗？ 당신은 의사입니까?

(2) 你有孩子吗？ 당신은 아이가 있습니까?

3

(1) 她家有几口人？

그녀의 집에는 몇 명의 식구가 있습니까?

(2) 他们有几个孩子？

그들은 몇 명의 아이가 있습니까?

듣기 연습

1 🎧 03-2

(1) ⓑ 五口人 (2) ⓓ 爸爸 (3) ⓕ 妈妈

(4) ⓗ 同堂 (5) ⓘ 独生女

2 🎧 03-3

(1) ⓐ

A : 你家有几口人？

당신의 집에는 몇 명의 식구가 있습니까?

B : 我家有三口人。

우리 집에는 3명의 식구가 있습니다.

(2) ⓓ

A : 她有几本书？ 그녀는 몇 권의 책이 있습니까?

B : 她有5本书。 그녀는 5권의 책이 있습니다.

(3) ⓑ

A : 你是医生吗？ 당신은 의사입니까?

B : 是的。 맞습니다.

(4) ⓒ

A : 三代同堂。 3대가 함께 삽니다.

B : 真好。 정말 좋네요.

독해 연습

A : 리명은 외동아들이니?

B : 아니, 그는 누나와 여동생이 있어.

A : 그렇구나, 그의 집에는 몇 명의 식구가 있어?

B : 그의 집에는 7식구가 있어. 할아버지, 할머니, 아버지, 어머니, 누나, 여동생과 그야. 3대가 함께 살아.

A : 정말 좋네.

(1) (×) (2) (×) (3) (○) (4) (○)

쓰기 연습

1. 她家有几口人？

2. 她家有五口人。

3. 他们是医生吗？

4. 她是独生女。

5. 她是老师吗？

第4课

문법 연습

1

(1) ⓑ

我(学)汉语。 저는 한어를 배웁니다.

(2) ⓒ

我明年(去)韩国。 저는 내년에 한국에 갑니다.

(3) ⓐ

你(吃)中国料理吗? 당신은 중국 요리를 먹습니까?

(4) ⓒ

我(走)着回去。 저는 걸어서 돌아갑니다.

2

(1) 我不看电视。 저는 텔레비전을 보지 않습니다.

(2) 她听音乐吗? 그녀는 음악을 듣습니까?

(3) 我不学汉语。 저는 한어를 배우지 않습니다.

(4) 她喝可乐吗? 그녀는 콜라를 마십니까?

듣기 연습

1 🎧 04-2

(1) ⓑ 四川料理

(2) ⓐ 辣

(3) ⓐ 吃饭

(4) ⓑ 喜欢

(5) ⓐ 喝果汁

2 🎧 04-3

(1) ⓑ

我喜欢吃汉堡。 저는 햄버거를 좋아합니다.

(2) ⓐ

我不喜欢吃四川料理。有点辣。

저는 사천 요리를 좋아하지 않습니다. 조금 맵습니다.

(3) ⓓ

糖很甜。 사탕이 아주 답니다.

(4) ⓒ

我喝果汁。 저는 주스를 마십니다.

독해 연습

A : 우리 소명과 함께 밥 먹으러 가자.

B : 좋아, 뭐 먹고 싶어?

A : 나는 마라탕을 먹고 싶어. 하지만 소명은 매운 것을 좋아하지 않아.

B : 그는 산둥 요리를 좋아하니?

A : 그는 새콤달콤한 것을 좋아해.

B : 그러면 우리 가서 산둥 요리를 먹자. 가서 탕추리위를 먹자.

A : 좋아.

(1) (○)　(2) (○)　(3) (×)　(4) (○)

쓰기 연습

1. 我们去吃饭吧。

2. 你想吃什么?

3. 我想吃麻辣烫。

4. 你喜欢四川料理吗?

5. 我喜欢辣的，不喜欢吃甜的。

第5课

문법 연습

1

服务员 : 欢迎光临，预约(了)吗？
어서 오십시오, 예약하셨습니까?

金辉 : 没有。两(位)，有位子吗？
안 했습니다. 두 사람입니다. 자리가 있습니까?

服务员 : 有，这边请。
있습니다. 이쪽으로 모시겠습니다.

金辉 : 你们家特色是什么？
이 집의 특색 음식은 무엇인가요?

服务员 : 我们家的北京烤鸭很(好吃)。
우리 집은 북경오리가 제일 맛있습니다.

金辉 : 想吃北京烤鸭(吗)？
북경오리 먹고 싶어?

李花 : 好的。
좋아.

金辉 : (来)一只北京烤鸭(吧)。
북경오리 하나 주세요.

服务员 : 好的。 알겠습니다.

2

(1) 她很可爱。그녀는 귀엽습니다.
→ 她不可爱。그녀는 귀엽지 않습니다.

(2) 他帅。그는 멋있습니다.
→ 他帅吗？그는 멋있습니까?

(3) 我去。저는 갑니다.
→ 我去了。저는 갔습니다.

듣기 연습

1 🎧 05-2

(1) ⓐ 欢迎　　(2) ⓐ 北京　　(3) ⓑ 约

(4) ⓑ 好吃　　(5) ⓐ 来

2 🎧 05-3

(1) ⓓ
A : 我们去食堂吧。우리 식당에 갑시다.
B : 好的。좋습니다.

(2) ⓒ
A : 真好吃。정말 맛있습니다.
B : 是的。네.

(3) ⓐ
A : 三位，有位子吗？
세 명입니다. 자리가 있습니까?
B : 这边请。여기로 모시겠습니다.

(4) ⓑ
A : 来一只北京烤鸭吧。
북경오리 하나 주세요.
B : 好的。알겠습니다.

독해 연습

종업원 : 어서 오십시오, 예약하셨나요?
A　　 : 안 했습니다. 5명인데, 자리가 있나요?
종업원 : 현재는 없는데, 주문을 먼저 하셔도 됩니다.
A　　 : 이 집의 특색 음식은 무엇인가요?
종업원 : 우리 집은 코우위가 맛있습니다.
A　　 : 먹고 싶어?
B　　 : 좋아.
A　　 : 코우위 하나 주세요.
종업원 : 알겠습니다.

(1) (○)　　(2) (×)　　(3) (×)　　(4) (○)

쓰기 연습

1. 两位，有位子吗？

2. 你们家特色是什么？

3. 我们家的北京烤鸭很好吃。

4. 想吃北京烤鸭吗？

5. 来一只北京烤鸭吧。

第6课

문법 연습

1

金辉 : 我们(一起)去喝茶吧。

우리 함께 차 마시러 갑시다.

王英 : 行，这(附近)有茶馆吗？

좋습니다, 이 부근에 찻집이 있습니까?

金辉 : 有，在百货(对面)。

있습니다, 백화점 맞은편에 있습니다.

王英 : 你要喝什么茶？

당신은 무슨 차를 마시려고 합니까?

金辉 : 我(要)喝绿茶，你呢？

저는 녹차를 마실 겁니다, 당신은요?

王英 : 我要喝红茶。 저는 홍차를 마실 겁니다.

金辉 : 红茶(对)女生好。

홍차는 여성에게 좋습니다.

王英 : 对呀，茶(对)身体好。

맞습니다, 차는 몸에 좋습니다.

2

(1) 我(要)回家。

(2) 我们(想)去旅行。

(3) 我(想)喝茶。

(4) 她(会)说英语。

듣기 연습

1 🎧 06-2

(1) ⓑ 茶馆　　(2) ⓐ 绿茶　　(3) ⓑ 吧

(4) ⓐ 喝　　　(5) ⓑ 对面

2 🎧 06-3

(1) ⓐ

茶对身体好。 차는 몸에 좋습니다.

(2) ⓓ

茶馆在百货大楼对面。

찻집은 백화점 맞은편에 있습니다.

(3) ⓒ

我要喝绿茶。 저는 녹차를 마시겠습니다.

(4) ⓑ

我想喝红茶。 저는 홍차를 마시고 싶습니다.

독해 연습

A : 우리 함께 커피를 마시러 갑시다.

B : 좋습니다, 이 부근에 커피숍이 있습니까?

A : 있습니다, 백화점 1층에 있습니다.

B : 무슨 커피를 마시고 싶습니까?

A : 저는 아메리카노를 마시고 싶습니다. 당신은요?

B : 저는 라떼를 마시고 싶습니다.

A : 커피는 건강에 좋습니까?

B : 잘 모르겠습니다.

(1) (O)　 (2) (X)　 (3) (O)　 (4) (X)

쓰기 연습

1. 这附近有茶馆吗？
2. 茶馆在百货对面。
3. 你想喝什么茶？
4. 我想喝绿茶，你呢？
5. 红茶对女生好。

第7课

문법 연습

1

A: (听说)你是医生，你(在)哪儿工作？
   의사라고 들었는데, 당신은 어디에서 근무하나요?

B: 我在中韩医院工作。你呢？
   저는 중한병원에서 근무합니다. 당신은요?

A: 我在(一家)日本公司工作。
   저는 일본 회사에서 근무합니다.

B: 你在(哪个)部门工作？
   당신은 어느 부서에서 근무하나요?

A: 我在人事部门工作。
   저는 인사부서에서 근무합니다.

B: 你学的是(什么)专业？
   당신은 무슨 전공을 했습니까?

A: 我学的是行政专业。
   我在日本学了行政管理。
   저는 행정을 전공했습니다.
   저는 일본에서 행정관리를 배웠습니다.

B: 你是海归，真(厉害)！
   당신은 유학파네요, 정말 대단합니다!

2

(1) 我(在)学校工作。
(2) 我(跟)朋友一起做。
(3) 这是我姐(给)我的礼物。
(4) 我(和)孩子一起去。

듣기 연습

1 🎧 07-2

(1) ⓐ 工作　　(2) ⓒ 中韩　　(3) ⓖ 行政
(4) ⓘ 海归　　(5) ① 公司

2 🎧 07-3

(1) ⓑ

   A: 你在哪儿工作？ 당신은 어디에서 근무하나요?
   B: 我在一家日本公司工作。
      저는 일본 회사에서 근무합니다.

(2) ⓓ

   A: 你在哪儿学习？ 당신은 어디에서 공부하나요?
   B: 我在韩国学习。 저는 한국에서 공부합니다.

(3) ⓐ

   A: 你在哪里工作？ 당신은 어디에서 근무하나요?
   B: 我在医院工作。 저는 병원에서 근무합니다.

(4) ⓒ

   A: 你在哪儿学习？ 당신은 어디에서 공부하나요?
   B: 我在日本学习。 저는 일본에서 공부합니다.

독해 연습

A : 선생님이시라고 들었는데, 어디에서 근무하시나요?

B : 저는 국제학교에서 근무합니다. 당신은요?

A : 저는 한국 대기업에서 근무합니다.

B : 당신은 어느 부서에서 근무하시나요?

A : 저는 마케팅부서에서 근무합니다.

B : 당신은 무슨 전공을 하셨나요?

A : 저는 경영을 전공했습니다. 미국에서 공부했습니다.

B : 당신은 유학파네요, 정말 대단합니다!

(1) (×)   (2) (○)   (3) (×)   (4) (○)

쓰기 연습

1. 听说你是医生。

2. 我在中韩医院工作，你呢？

3. 你在哪个部门工作？

4. 你学的是什么专业？

5. 你是海归，真厉害！

第8课

문법 연습

1

A : 你在(干嘛)呢？ 당신은 무엇을 하고 있나요?

B : 我(正在)打扫房间，你呢？

  저는 방 청소를 하고 있어요, 당신은요?

A : 我刚下班，我(在)想你。吃晚饭(了)吗？

  저는 금방 퇴근했어요, 당신이 그리워요. 저녁밥을 먹었나요?

B : 没有，妈妈正做饭呢。

  아니요, 어머니가 지금 밥을하고 계세요.

A : 阿姨的(手艺)肯定很好。

  어머니의 솜씨가 틀림없이 좋을 것 같아요.

B : 是的，我妈妈做的饭很好吃。

  맞아요, 저의 엄마(가 한) 밥은 매우 맛있어요.

A : 我也想(尝尝)。 저도 한번 맛보고 싶어요.

B : 改天过来吧。 다음에 오세요.

2

(1) 我正在做运动。 저는 운동을 하고 있습니다.

(2) 她正在吃午饭。 그녀는 점심을 먹고 있습니다.

(3) 我们正在打扫房间。

  우리는 방 청소를 하고 있습니다.

(4) 他正在洗衣服。 그는 빨래를 하고 있습니다.

듣기 연습

1 🎧 08-2

(1) ⓐ 做饭   (2) ⓐ 打扫

(3) ⓑ 房屋   (4) ⓑ 想

(5) ⓐ 下班   (6) ⓐ 正在

2 🎧 08-3

(1) ⓓ

  A : 你在干什么？ 당신은 무엇을 하고 있나요?

  B : 我正在看电视。 저는 TV를 보고 있어요.

(2) ⓒ

  A : 吃饭了吗？ 식사를 했나요?

  B : 没有，妈妈正在做饭。

   아니요, 어머니가 밥을 하고 계세요.

(3) ⓐ

  A : 我在想你。 저는 당신이 그리워요.

  B : 我也是。 저도요.

(4) ⓑ

    A : 菜很好吃。 음식이 정말 맛있어요.

    B : 我也想尝尝。 저도 맛보고 싶어요.

독해 연습

A : 당신은 무엇을 하고 있나요?

B : 저는 빨래를 하고 있어요, 당신은요?

A : 저는 설거지를 하고 있어요, 당신이 그리워요.
저녁밥을 먹었나요?

B : 금방 먹었어요, 아버지가 저녁밥을 하셨어요.
아버지(가 한) 밥이 제일 맛있어요.

A : 아버지 솜씨가 틀림없이 좋을 것 같아요, 저도 한번 먹고
싶어요.

B : 다음에 우리 집에 놀러 오세요.

A : 좋아요, 꼭 갈게요.

(1) (○)   (2) (×)   (3) (○)   (4) (×)

쓰기 연습

1. 我正在打扫房间。

2. 吃晚饭了吗?

3. 妈妈正在做饭呢。

4. 阿姨的手艺肯定很好。

5. 我妈妈做的饭很好吃。

第9课

문법 연습

1

(1) ⓐ

我们一起(去)吃饭吧。

우리 함께 가서 식사를 합시다.

(2) ⓑ

我去超市(买) 苹果。

저는 슈퍼에 가서 사과를 삽니다.

(3) ⓑ

我打电话(问问)。 제가 전화해서 한번 물어볼게요.

(4) ⓑ

累(死)了。 힘들어 죽겠어요.

2

(1) (×)

她棒极了。 그녀는 아주 훌륭합니다.

(2) (○) 그들은 함께 가서 밥을 먹습니다.

(3) (○) 우리는 힘들어 죽겠습니다.

(4) (×)

他去超市买东西。 그는 슈퍼에 가서 물건을 삽니다.

듣기 연습

1 🎧 09-2

(1) ⓐ 最近   (2) ⓒ 累   (3) ⓔ 死了

(4) ⓕ 极了   (5) ⓘ 冬天

2 🎧 09-3

(1) ⓒ

　A：我们去长白山看天池吧。

　　　우리 장백산에 가서 천지를 보자.

　B：好的。 좋아.

(2) ⓐ

　A：我们三个人一起去吃饭吧。

　　　우리 셋이 함께 가서 식사를 합시다.

　B：好的。 좋습니다.

(3) ⓓ

　A：工作忙，累死了。

　　　일이 바쁩니다. 힘들어 죽겠습니다.

　B：我也是。 저도 마찬가지입니다.

(4) ⓑ

　A：我给你打电话。 내가 너한테 전화를 할게.

　B：好的。 좋아.

독해 연습

> A : 오랜만이야!
> B : 오랜만이야, 최근에 일이 바쁘니?
> A : 일이 아주 바빠, 힘들어 죽겠어.
> B : 공부도 힘들지.
> A : 괜찮아, 나한테 좋은 선생님을 소개해 줘서 고마워.
> B : 천만에. 주말에 우리 세 사람이 함께 밥을 먹자.
> A : 좋아, 내가 전화해서 여쭤볼게.
> B : 아 맞다, 장백산에 설경 보러 가신다고 했어.
> A : 그래? 그럼 우리 둘이 먹자.

(1) (○)　　(2) (○)　　(3) (×)　　(4) (×)

쓰기 연습

1. 好久不见，最近工作忙吗？

2. 工作非常忙，累死了。

3. 谈恋爱也忙吧。

4. 周末我们一起去吃饭吧。

5. 我们改天一起去旅行吧。

第10课

문법 연습

1

(1) ⓑ

　我(要)买书。 저는 책을 사려고 합니다(사야 합니다).

(2) ⓐ

　她比我更(瘦)。 그녀는 저보다 더 날씬합니다.

(3) ⓐ

　北京比(上海)大。 북경은 상해보다 큽니다.

(4) ⓓ

　火车比(飞机)慢。

　기차는 비행기보다 느립니다.

2

(1) 我比她高。 저는 그녀보다 키가 큽니다.

(2) 这个书比那个书厚。

　이 책은 저 책보다 두껍습니다.

(3) 哥哥比姐姐胖。 형은 누나보다 뚱뚱합니다.

(4) 我们家比他们家更好。

　우리 집은 그들의 집보다 더 좋습니다.

1 🎧 10-2

(1) ⓐ 不要　　(2) ⓑ 北京　　(3) ⓑ 接

(4) ⓐ 公司　　(5) ⓐ 比

2 🎧 10-3

(1) ⓑ

A : 我要去上海。 저는 상해에 가야 합니다.

B : 什么时候？ 언제 가나요?

(2) ⓒ

A : 谁送你？ 누가 배웅하나요?

B : 司机会送我的。 기사분이 저를 배웅할 겁니다.

(3) ⓐ

A : 北京比上海大吗？ 북경은 상해보다 크나요?

B : 是的。 맞습니다.

(4) ⓓ

A : 我们要开会。 우리는 회의를 할 겁니다.

B : 好的。 네.

독해 연습

A : 저는 내일 북경에 가야 합니다.

B : 북경에 가서 무엇을 하시려고요?

A : 결혼식에 참석해야 합니다.

B : 당신을 배웅하는 사람이 있나요?

A : 아버지가 저를 공항까지 배웅해 주실 겁니다.

B : 북경은 심천보다 큽니까?

A : 북경은 심천보다 큽니다.

B : 북경은 심천보다 춥죠.

A : 맞습니다.

B : 저도 북경에 가고 싶습니다.

(1) (×)　(2) (×)　(3) (○)　(4) (○)

쓰기 연습

1. 你去上海要做什么？

2. 公司的司机会送我到机场。

3. 北京比上海大。

4. 最近上海比北京暖和吧。

5. 我也想去上海。

第11课

문법 연습

1

(1) 爸爸把东西送到学校。

아버지는 물건을 학교에 보내 주었습니다.

(2) 请把桌子搬到走廊。 책상을 복도에 옮겨 주세요.

(3) 请把行李放上面。

물건을 위에 올려 놔 주세요.

(4) 请把作业交给老师。

숙제를 선생님한테 제출해 주세요.

2

(1) 我把钱交了。 저는 돈을 냈습니다.

(2) 她把茶喝完了。 그녀는 차를 모두 마셨습니다.

(3) 你把这句话翻译。 이 문장을 번역해 주세요.

듣기 연습

1 🎧 11-2

(1) ⓑ 里面　　(2) ⓐ 机场　　(3) ⓑ 护照

(4) ⓐ 超重　　(5) ⓐ 托运

2 🎧 11-3

(1) ⓑ

A : 您把护照给我吧。 여권을 저한테 주세요.

B : 好的。 알겠습니다.

(2) ⓐ

A : 您把行李放上面。 물건을 위에 올려 놓으세요.

B : 好的。 알겠습니다.

(3) ⓒ

A : 里面有有限物品吗？ 안에 위험 물품이 있나요？

B : 没有。 없습니다.

(4) ⓓ

A : 行李超重了。 짐이 무게를 초과했습니다.

B : 哦！ 어머!

독해 연습

김휘 : 안녕하세요.

공항직원 : 안녕하세요, 여권을 저한테 주십시오.

김휘 : 알겠습니다.

공항직원 : 짐은 탁송하실 건가요?

김휘 : 아니요, 제가 들고 가겠습니다.

공항직원 : 알겠습니다. 짐을 위에 올려 놔 주세요. 짐이 얼마나 큰가요?

김휘 : 작은 가방입니다.

공항직원 : 네, 좋습니다. 이것은 당신의 여권과 탑승권입니다.

김휘 : 감사합니다.

공항직원 : 즐거운 여행 하시길 바랍니다.

(1) (×)　(2) (○)　(3) (×)　(4) (×)

쓰기 연습

1. 您把护照给我。

2. 您把行李放上面。

3. 里面有危险物品吗？

4. 这是您的护照和登机牌。

5. 祝你旅途愉快。

第12课

문법 연습

1

今天是王英和金辉的(大喜)日子。

오늘은 왕영과 김휘의 결혼식 날입니다.

礼堂被大家布置得很漂亮。

식장은 많은 사람들에 의해서 아주 예쁘게 장식되었습니다.

他们收到了亲朋好友们的(祝福)。

그들은 친척 친구들의 축복을 받았습니다.

朋友 : (恭喜)恭喜。 축하합니다.

祝你们(新婚)快乐，(百年)好合。

즐거운 신혼 생활 하시고, 평생 화목하게 지내세요.

祝你们白头(偕老)。 백년해로하시길 바랍니다.

金辉, 王英 : 谢谢。 감사합니다.

他们一起牵手走进了婚姻殿堂。

그들은 함께 손을 잡고 결혼식장에 들어갔습니다.

2

(1) 苹果被妹妹吃掉了。

사과는 여동생이 먹어 버렸습니다.

(2) 鞋被我踩坏了。

신발은 저에게 밟혀서 못쓰게 되었습니다.

(3) 衣服被我洗干净了。

옷은 저에 의해 깨끗이 빨래되었습니다.

(4) 花瓶被她打碎了。 꽃병은 그녀에 의해 깨졌습니다.

157

듣기 연습

1 🎧 12-2

(1) ⓐ 愉快　　(2) ⓐ 礼堂　　(3) ⓑ 恭喜

(4) ⓐ 牵手　　(5) ⓐ 婚姻

2 🎧 12-3

(1) ⓓ

祝你们白头偕老。

백년해로하기를 바랍니다.

(2) ⓐ

祝你新年快乐。

새해 복 많이 받으세요.

(3) ⓑ

祝您寿比南山。

오래오래 사세요.

(4) ⓒ

他们一起牵手走进了婚姻殿堂。

그들은 함께 손을 잡고 결혼식장에 들어갔습니다.

독해 연습

오늘은 왕영과 김휘의 결혼기념일입니다.
레스토랑은 친구들에 의해 아주 예쁘게 장식되었습니다.
그들은 친척 친구들의 축복을 받았습니다.

친구 :　　축하해.
　　　　　결혼기념일을 축하해.
　　　　　두 사람 백년해로하길 바랄게.
김휘, 왕영 : 너희들의 축복 고마워, 우리는 매우 행복해.

(1) (○)　　(2) (X)　　(3) (○)

쓰기 연습

1. 今天是王英和金辉的大喜日子。

2. 礼堂被大家布置得很漂亮。

3. 他们收到了亲朋好友们的祝福。

4. 祝你们新婚快乐，百年好合。

5. 他们一起牵手走进了婚姻殿堂。

한 번에 끝내는

중국어 첫걸음

쓰기 노트

■ 김정실(Jin Zhenshi) 지음

欢迎光临!
你好!

글로벌 인재를 위한, 제2외국어 교육의 선두주자

ECK Books

한 번에 끝내는

중국어 첫걸음

/ 쓰기 노트 /

본문 주요 단어 및 문장 쓰기 연습

爷爷
yéye
할아버지

爷	爷					

奶奶
nǎinai
할머니

奶	奶					

爸爸
bàba
아버지

爸	爸					

妈妈
māma
어머니

妈	妈					

叔叔
shūshu
숙부

叔	叔					

姑姑 gūgu 고모	姑	姑					

舅舅 jiùjiu 외삼촌	舅	舅					

阿姨 āyí 이모	阿	姨					

姐姐 jiějie 언니/누나	姐	姐					

哥哥 gēge 형/오빠	哥	哥					

弟弟 dìdi 동생	弟	弟					

妹妹 mèimei 여동생	妹	妹					

때, 시간

昨天 zuótiān 어제	昨	天					

今天 jīntiān 오늘	今	天					

明天 míngtiān 내일	明	天				

后天 hòutiān 모레	后	天				

月 yuè 월	月					

号 hào 호(일)	号					

星期 xīngqī 요일	星	期				

星期一 xīngqīyī 월요일	星	期	一				
星期二 xīngqīèr 화요일	星	期	二				
星期三 xīngqīsān 수요일	星	期	三				
星期四 xīngqīsì 목요일	星	期	四				
星期五 xīngqīwǔ 금요일	星	期	五				

星期六
xīngqīliù
토요일

星	期	六			

星期天(日)
xīngqītiān(rì)
일요일

星	期	天 / 星	期	日	

春节
chūnjié
음력설

春	节				

除夕
chúxī
섣달 그믐날(12월 31일)

除	夕				

元宵节
Yuánxiāojié
정월 대보름

元	宵	节			

国庆节	国	庆	节				
guóqìngjié							
국경절							

圣诞	圣	诞					
Shèngdàn							
성탄절							

中秋节	中	秋	节				
Zhōngqiūjié							
추석							

去年	去	年					
qùnián							
작년							

今年	今	年					
jīnnián							
올해							

明年
míngnián
내년

明	年					

부서, 전공

部门
bùmén
부문, 부서

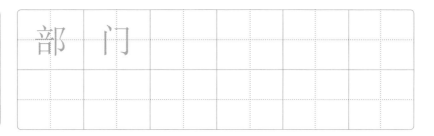

部	门					

人事
rénshì
인사

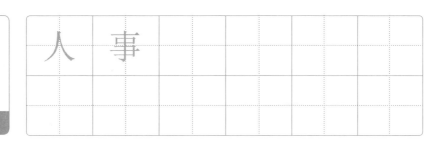

人	事					

财务
cáiwù
재무

财	务					

广告 guǎnggào 광고	广	告						

营销 yíngxiāo 마케팅	营	销						

专业 zhuānyè 전공	专	业						

法律 fǎlǜ 법률	法	律						

经营 jīngyíng 경영	经	营						

经济
jīngjì
경제

经	济				

行政
xíngzhèng
행정

行	政				

직업

医生
yīshēng
의사

医	生				

老师
lǎoshī
선생님

老	师				

公务员 gōngwùyuán 공무원	公	务	员			

法官 fǎguān 법관	法	官				

律师 lǜshī 변호사	律	师				

司机 sījī 기사, 운전사	司	机				

中国
Zhōngguó
중국

韩国
Hánguó
한국

美国
Měiguó
미국

日本
Rìběn
일본

上海
Shànghǎi
상해

北京
Běijīng
북경

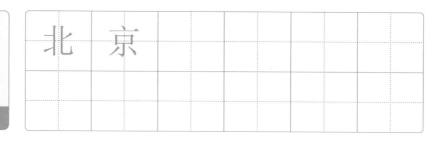

장소

家
jiā
집

公司
gōngsī
회사

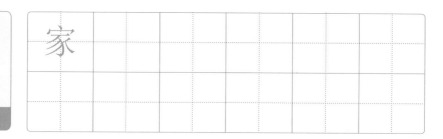

医院
yīyuàn
병원

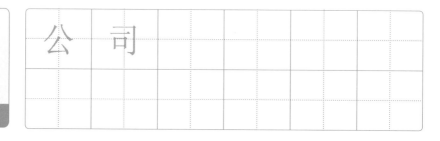

学校 xuéxiào 학교	学	校				

法院 fǎyuàn 법원	法	院				

食堂 shítáng 식당, 음식점	食	堂				

茶馆 cháguǎn 찻집	茶	馆				

咖啡店 kāfēidiàn 카페	咖	啡	店			

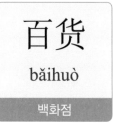

百货
băihuò
백화점

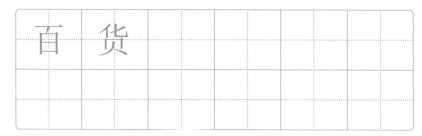

机场
jīchǎng
공항

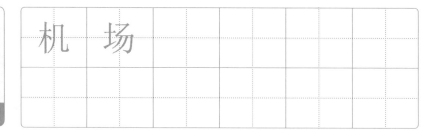

殿堂
diàntáng
전당

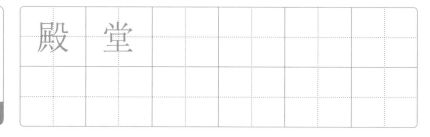

동사

叫
jiào
(이름을) ~라고 부르다

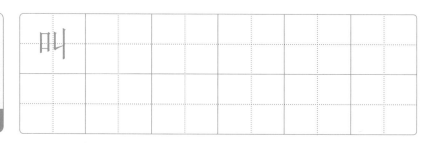

认识 rènshi 알다, 인식하다	认	识				

见到 jiàndào 만나다	见	到				

见 jiàn 보다	见					

去 qù 가다	去					

吃 chī 먹다	吃					

想 xiǎng 바라다, 생각하다	想						

喜欢 xǐhuan 좋아하다	喜	欢					

欢迎 huānyíng 환영하다	欢	迎					

预 yù 참가하다	预						

约 yuē 약속하다	约						

听 tīng 듣다	听						

看 kàn 보다	看						

喝 hē 마시다	喝						

对 duì 대응하다	对						

听说 tīngshuō 듣자니 ~라 한다	听	说					

干 gàn 하다	干						

打扫 dǎsǎo 청소하다	打	扫					

尝 cháng 맛보다	尝						

擦 cā 닦다	擦						

试 shì 시험해 보다	试						

| 坐 zuò 앉다 | 坐 | | | | | | |

| 拿 ná 가지다 | 拿 | | | | | | |

| 做 zuò 하다 | 做 | | | | | | |

| 洗 xǐ 씻다 | 洗 | | | | | | |

| 托 tuō 덕을 입다 | 托 | | | | | | |

介绍	介	绍						
jièshào								
소개하다								

谈恋爱	谈	恋	爱					
tán liànài								
연애하다								

逛	逛							
guàng								
놀다, 구경하다								

参加	参	加						
cānjiā								
참가하다								

送	送							
sòng								
보내다, 배웅하다								

需要 xūyào 요구되다, 필요로 하다	需	要					

托运 tuōyùn 탁송하다	托	运					

放 fàng 두다, 놓다	放						

超重 chāozhòng 중량을 초과하다	超	重					

布置 bùzhì 꾸미다, 장식하다	布	置					

牵 qiān 잡다	牵						

打碎 dǎsuì 깨지다	打	碎					

祝福 zhùfú 축복하다	祝	福					

下班 xiàbān 퇴근하다	下	班					

玩 wán 놀다	玩						

做运动 zuò yùndòng 운동하다	做	运	动			

玩游戏 wán yóuxì 게임하다	玩	游	戏			

工作 gōngzuò 일하다	工	作				

형용사, 부사

辣 là 맵다	辣					

甜 tián 달다	甜					

好 hǎo 좋다	好					

贵 guì 귀하다, (지위가) 높다	贵					

好吃 hǎochī 맛있다	好	吃				

漂亮 piàoliang 예쁘다	漂	亮				

美						
měi						
아름답다						

厚						
hòu						
두껍다						

棒						
bàng						
좋다, 훌륭하다						

累						
lèi						
피곤하다, 힘들다						

忙						
máng						
바쁘다						

困 kùn 졸리다	困						
高兴 gāoxìng 기쁘다	高	兴					
暖和 nuǎnhuo 따뜻하다	暖	和					
快乐 kuàilè 즐겁다	快	乐					
正好 zhènghǎo 딱 좋다, 마침	正	好					

厉害 lìhài 대단하다	厉	害					

肯定 kěndìng 확실히, 틀림없이	肯	定					

一起 yìqǐ 같이, 함께	一	起					

也 yě 역시, 또한	也						

很 hěn 매우	很						

杯
bēi
잔, 컵

杯

本
běn
권

本

口
kǒu
식구

口

件
jiàn
벌

件

个
gè
개, 명

个

上面
shàngmiàn
위쪽

上	面				

下面
xiàmiàn
아래쪽

下	面				

前面
qiánmiàn
앞쪽

前	面				

后面
hòumiàn
뒤쪽

后	面				

里面
lǐmiàn
안쪽

里	面				

外面						
外面 wàimiàn 바깥쪽	外 面					

对面						
对面 duìmiàn 반대편, 맞은편	对 面					

您好！
Nín hǎo! 안녕하세요!

您好！

您好！

早上好！
Zǎoshàng hǎo! 아침 인사

早上好！

早上好！

中午好！
Zhōngwǔ hǎo! 점심 인사

中午好！

中午好！

晚上好！
Wǎnshàng hǎo! 저녁 인사

晚上好！

晚上好！

我叫王英。
Wǒ jiào Wǎng Yīng. 저의 이름은 왕영입니다.

我叫王英。

我叫王英。

您贵姓?
Nín guì xìng? 성함이 어떻게 되세요?

您贵姓?

您贵姓?

认识你很高兴。
Rènshi nǐ hěn gāoxìng. 만나서 반갑습니다.

认识你很高兴。

认识你很高兴。

今天是几月几号?
Jīntiān shì jǐ yuè jǐ hào? 오늘은 몇 월 며칠입니까?

今天是几月几号?

今天是几月几号?

今天是1月5号。

Jīntiān shì yī yuè wǔ hào. 오늘은 1월 5일입니다.

今天是1月5号。

今天是1月5号。

今天是星期几？

Jīntiān shì xīngqī jǐ? 오늘은 무슨 요일입니까?

今天是星期几？

今天是星期几？

今天是星期一。

Jīntiān shì xīngqīyī. 오늘은 월요일입니다.

今天是星期一。

今天是星期一。

你家有几口人？

Nǐ jiā yǒu jǐ kǒu rén? 당신의 집에는 몇 명의 식구가 있습니까?

你家有几口人？

你家有几口人？

我家有三口人。

Wǒ jiā yǒu sān kǒu rén. 저의 집에는 세 명의 식구가 있습니다.

我家有三口人。

我家有三口人。

想吃什么？

Xiǎng chī shénme? 무엇을 먹고 싶나요?

想吃什么？

想吃什么？

我想吃麻辣烫。

Wǒ xiǎng chī málàtàng. 저는 마라탕을 먹고 싶습니다.

我想吃麻辣烫。

我想吃麻辣烫。

来一只北京烤鸭吧。

Lái yī zhī Běijīng kǎoyā ba. 북경오리 하나 주세요.

来一只北京烤鸭吧。

来一只北京烤鸭吧。

北京烤鸭很好吃。

Běijīng kǎoyā hěn hǎochī. 북경오리가 아주 맛있습니다.

北京烤鸭很好吃。

北京烤鸭很好吃。

你做什么工作？

Nǐ zuò shénme gōngzuò? 당신은 무슨 일을 하세요?

你做什么工作？

你做什么工作？

我是医生。

Wǒ shì yīshēng. 저는 의사입니다.

我是医生。

我是医生。

你在干嘛？

Nǐ zài gànma ne? 당신은 뭐 하고 있습니까?

你在干嘛？

你在干嘛？

我正在打扫房间。

Wǒ zhèngzài dǎsǎo fángjiān. 저는 방 청소를 하고 있습니다.

我正在打扫房间。

我正在打扫房间。

好久不见！

Hǎojiǔ bújiàn! 오랜만입니다!

好久不见！

好久不见！

北京比上海大。

Běijīng bǐ Shànghǎi dà. 북경이 상해보다 큽니다.

北京比上海大。

北京比上海大。

祝你旅途愉快。

Zhù nǐ lǚtú yúkuài. 즐거운 여행 하시길 바랍니다.

祝你旅途愉快。

祝你旅途愉快。

新年快乐。

Xīnniánkuàilè. 새해 복 많이 받으세요.

新年快乐。

新年快乐。

恭喜恭喜。

Gōngxǐ gōngxǐ. 축하합니다.

恭喜恭喜。

恭喜恭喜。

新婚快乐。

Xīnhūnkuàilè. 즐거운 신혼 생활 하세요.

新婚快乐。

新婚快乐。

百年好合。

Bǎiniánhǎohé. 평생 화목하세요.

百年好合。

百年好合。

白头偕老。

Báitóuxiélǎo. 백년해로하세요.

白头偕老。

白头偕老。

寿比南山。

Shòubǐnánshān. 오래오래 사세요.

寿比南山。

寿比南山。

한 번에 끝내는

중국어 첫걸음 | 발음부터 회화까지
한 번에 끝내는 쉽고 빠른 입문서

중국어 발음부터
어법, 회화까지 한 번에!

■ **이 책의 구성**

● **예비학습**

중국어 발음, 어순 및 기타 중국어의 특징을 쉽고 자세하게 설명

● **알면 도움되는 중국 문화**

중국의 가족, 교육, 결혼, 명절, 음식 문화 등 다양한 중국 문화를 소개

● **회화**

일상생활을 주제로 한 기초 대화문을 원어민 발음이 녹음된 MP3 파일과 함께 제공

● **핵심표현**

유용한 핵심표현을 정리하고, 이를 다양하게 연습할 수 있도록 추가 어휘 제공

● **어법**

기초 필수 어법을 다양한 예문과 함께 이해하기 쉽게 설명

● **연습문제**

배운 내용을 복습 및 정리할 수 있도록 문법, 듣기, 독해, 쓰기 4가지 영역의 연습문제 제공

● **쓰기 노트**

본문에 나온 주요 단어와 문장을 써 볼 수 있도록 쓰기 노트를 부록으로 제공

■ **MP3 무료 다운로드**

• 교재의 MP3 파일은 www.eckbooks.kr에서 무료로 다운로드 받으실 수 있습니다.

※본 교재의 동영상 강의는 www.eckonline.kr에서 수강 가능합니다.